억울한
곤충들

억울한 곤충들

1판 1쇄 2020년 10월 20일
    2쇄 2022년 1월 10일

지 은 이 조성준

디 자 인 DESIGNDAEUN
일러스트 Danya

발 행 인 주정관
발 행 처 북스토리(주)
주   소 서울특별시 마포구 양화로 7길 6-16 서교제일빌딩 201호
대표전화 02-332-5281
팩시밀리 02-332-5283
출판등록 1999년 8월 18일 (제22-1610호)
홈페이지 www.ebookstory.co.kr
이 메 일 bookstory@naver.com

ISBN 979-11-5564-215-3 73490

※잘못된 책은 바꾸어드립니다.

이 도서의 국립중앙도서관 출판시도서목록(CIP)은
서지정보유통지원시스템 홈페이지(http://www.seoji.nl.go.kr)와
국가자료공동목록시스템(http://www.nl.go.kr/kolisnet)에서 이용하실 수 있습니다.
(CIP제어번호 : CIP2020039570)

억울한 곤충들

조성준 지음

오해받는 곤충들과 소통하는
공감 프로젝트!

북스토리

차례

등장인물 소개   **006**
들어가며   **007**

제발 날개 좀 잡지 마! - 잠자리   **008**
난 행운의 곤충이라구! - 무당벌레   **014**
개+똥+벌레=? - 반딧불이   **020**
하얀 나비로 기억해 줘! - 배추흰나비   **026**
현상금이 걸려 있어! - 소똥구리   **032**
벌이야, 파리야? - 꽃등에   **038**
땅굴 파기 선수 - 땅강아지   **044**
매미가 노래하는 이유는 뭘까? - 매미   **050**
높이 뛰어 뒤집기의 달인 - 방아벌레   **056**

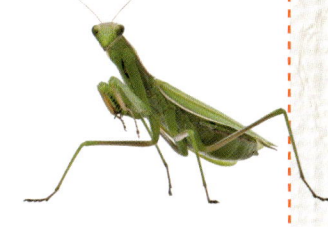

파란 하늘을 날고 싶어! - 누에나방	**062**
하루만 산다구? - 하루살이	**068**
연약한 귀신 - 개미귀신	**074**
천하무적은 무슨! - 사마귀	**080**
내가 모기라니! - 각다귀	**086**
이솝 선생님이 미워요! - 베짱이	**092**
연가시가 누군데? - 꼽등이	**098**
나가며	**104**
따뜻한 마음 키우기 | 지도 Tip	**105**
인성·토론 카드 놀이	**113**

· 등장인물 소개 ·

나지혜
게임보다는 곤충과 자연에 관심이 많아 밖에서 놀기를 좋아한다. 뛰어난 관찰력과 끈기로 곤충을 관찰하다가 학원에 지각하는 날이 많다. 학교에서는 어린이 곤충박사로 통한다.

왕소심
자연보다는 게임에 빠져 있어서 밖으로 나가는 것보다 집을 더 좋아한다. 이름처럼 소심하고 모기만 봐도 도망을 가는 겁쟁이이다. 그러나 나지혜의 말이라면 귀가 솔깃해지는 나지혜의 절친이다.

파브르 박
어릴 때부터 파브르를 좋아하다가 곤충전문가가 되었다. 한국의 파브르라 자칭한다. 주말마다 산과 들로 곤충을 만나러 다니느라 연애 한번 못 해본 모태솔로이다.

들어가며

으악! 소름끼쳐!

소심아, 무슨 일이야?

저기 가는 벌레들 좀 봐! 너무너무 징그럽지 않니? 우리를 물거나 쏠 것 같아!

그건 오해야! 저 곤충들은 겉모습이나 이름 때문에 잘못 알려져 있는 게 많지만, 사실은 누구보다도 착한 아이들이라고. 안 그래요, 박사님?

지혜가 잘 알고 있구나. 벌레들 중에는 억울한 애들이 많단다.

곤충들이 억울할 게 뭐가 있어요! 저렇게 징그러우니 분명 나쁜 벌레들일 거예요!

소심아, 그건 정말 오해야!

하하하, 잘 모르면 오해할 수도 있지. 그럼 이제부터 곤충들이 왜 억울한지 알아보고, 억울함을 풀어 줄 방법도 고민해 볼까?

잠자리

나는 잠자리야. 머리에 커다란 겹눈이 2개나 있어서 사방을 아주 잘 봐. 비행 실력이 최고라 사냥도 잘하는데, 특히 모기, 파리는 내 밥이지. 하지만 하루에 수백 마리씩 사냥해도 사람들이 알아주질 않아서 속상해.

제발 날개 좀 잡지 마!

소심아, 너 '짱아'라는 곤충이 누군지 알아?

짱아? 짱구 동생 짱아 말고 누가 또 있을까?

 곤충 중에 '짱아'라는 이름을 가진 애가 있다구?

 바로 잠자리야. 예전에는 어린이들이 잠자리를 '짱아'라고 불렀어. 해충 킬러지.

그래, 나는 모기, 파리 등 사람에게 해로운 곤충을 하루에 수백 마리씩이나 잡아먹는 해충 킬러 '짱아'야! 이런 걸 몰라주면 서운하지.

잠자리의 생김새

잠자리의 애벌레

애벌레 때는 올챙이나 작은 물고기를 잡아먹는데, 특히 모기 유충인 장구벌레에게는 천적이지. 반대로 비교적 덩치 큰 물고기들에게는 짱아 애벌레가 좋은 먹잇감이야.
소심아, 문제 하나 낼게. 짱아의 천적은 누구게?

ㅋㅋㅋ, 잠자리가 제일 무서워하는 동물은 새, 사마귀, 거미, 말벌이야.

짱아의 비행 실력이 최고라며? 어느 정도야?

나도 잘 난다는 것만 알아. 박사님, 짱아의 비행 솜씨가 어느 정도나 되요?

오우케이! 공중 비행의 베테랑, 잠자리를 소개할게.

나비를 사냥한 잠자리

잠자리는 날면서 급하게 회전하거나, 위로 오르거나 아래로 방향을 바꾸는 것을 아주 빠르게 할 수 있단다.
정지 비행은 물론 후진 비행도 할 수 있지. 이런 비행 솜씨는 곤충은 물론 새 중에도 거의 없어.
그러니 먹잇감들이 도망갈 수 있겠어? 사냥 실력도 최고지.

독일에서 만든 잠자리 로봇 바이오닉옵터(Bionic Opter). 날개 길이 63cm, 몸길이 44cm, 무게 175g으로, 정지·수직·수평 비행을 할 수 있으며, 스마트폰으로 무선 조종한다.

과학자와 기술자들은 잠자리의 비행 기술을 이용해서 군사용, 첩보용, 감시용 로봇을 만들었단다.

 비행 베테랑에 해충 킬러라니 멋진데!

 그렇기는 한데, 잠자리들이 하트(♥)의 원조가 자기네들이라고 우기던데, 박사님 사실인가요?

잠자리가 짝짓기를 할 때, 하트(♥) 모양이 만들어지지. 특히 꼬리가 가느다란 실잠자리가 짝짓기 할 때 가장 예쁜 하트(♥) 모양이 나온단다.
하지만 하트(♥)의 원조는 아냐. 짱아가 괜히 심통이 나서 우기는 거지. 그래도 정말 예쁜 하트(♥)가 만들어지는 건 사실이지?

짝짓기 하는 암컷과 수컷

이런 것도 서운할 거야. 사람은 고작 100~200만 년 전부터 지구에서 살아왔지만, 잠자리는 공룡이 살던 수억 년 전부터 살아왔지. 그래서 잠자리 조상은 사람이 어떻게 생겨났는지부터 구석기→신석기 시대를 거쳐 현재까지 쭉 지켜봐 왔겠지?
이렇게 오랜 세월 지구에서 살아온 대선배를 사람들이 잘 알아주지 않거든.

잠자리 화석(위), 잠자리 애벌레 화석(아래)

그뿐만이 아냐! '곤충 채집' 하면 누가 떠올라? 잠자리와 매미잖아? 손으로 자기네를 잡는 것까지는 괜찮은데, 왜 꼭 날개를 잡느냐 이거야.

소심아! 어른들이 너의 팔과 다리를 잡고 몸을 들어올리면 아프지? 얘네도 마찬가지일 거야. 사람들에게 오랫동안 날개를 잡힌 잠자리는 놔 주어도 제대로 날지 못한다구. 그러니까 다리나 몸통을 잡아야 해. 잡다가 깜짝 놀랄 수는 있겠지만. ㅋㅋㅋㅋ. 잠자리가 깨물기는 하지만 다치지는 않아.

참, 지혜야! 다른 곤충은 멸종을 걱정하기도 하는데, 잠자리는 괜찮아? 요즘도 잠자리는 흔히 볼 수 있던데.

우리나라에는 고추잠자리, 왕잠자리, 물잠자리, 명주잠자리, 실잠자리, 청동잠자리 등 100여 종이 사는데, 점점 개체수가 줄고 있어. 결국 꼬마잠자리, 노란잔산잠자리, 대모잠자리 3종을 환경부에서 보호 대상 곤충으로 지정했지.

박사님, 짱아 애벌레가 어떻게 어른벌레가 되는지도 궁금해요.

내가 다 준비했지. 말로 설명하는 것보다 사진이 훨씬 생생하게 느껴질 거야. 번호 순서대로 자세히 봐.

잠자리의 애벌레가 허물을 벗고 어른벌레가 되는 과정

 ❶
 ❷
 ❸
 ❹
 ❺
 ❻

 지혜야, "잠자리 날아다니다"는 노래가 있지 않니?

 하하, 맞아. 그런 노래 있지. 예전에는 어린이들이 교과서에 나온 이 노래를 즐겨 불렀대. 우리도 같이 불러 볼까?

잠자리

백양란 작사 | 손대업 작곡

잠자리 날아 다니다 장다리꽃에 앉았다
살금 살금 바둑이가
잡다가 놓쳐 버렸다 짖다가 날려 버렸다

장다리꽃: 무나 배추에 피는 꽃.

따뜻한 마음 키우기

잠자리에게 나의 마음 전하기

1. 칭찬하고 싶은 말은? _____
2. 충고하고 싶은 말은? _____
3. 용기를 갖게 하는 말은? _____
4. 들려주고 싶은 동화는? _____

무당벌레

나는 진딧물을 주로 먹고 사는 착한 곤충이야. 몸 길이가 0.4cm 정도로 작고, 특별한 무기도 없지만, 고약한 냄새로 적을 물리치지. 추운 겨울에는 친구들과 함께 겨울잠을 자고 봄에 깨어난단다.

난 행운의 곤충이라구!

유럽 사람들은 무당벌레를 무척 아낀다면서?

맞아. 무당벌레는 원래 아시아에서 살던 애들이 유럽으로 간 건데, 오히려 그곳에서 훨씬 대접 받는대.

사람들이 기르는 농작물에 해를 끼치는 진딧물을 무당벌레가 잡아먹기 때문에 유럽 사람들이 아주 좋아한다는 거야.

프랑스에서는 무당벌레를 '하느님이 주신 좋은 선물'이라 부르고, 독일에서는 '성모마리아의 딱정벌레'라고 부르지.

진딧물을 잡아먹는 애벌레(위)와 어른벌레(아래)

 엄마 무당벌레는 진딧물이 많이 사는 곳에 알을 낳아. 깨어나면 진딧물을 잡아먹고 영양 보충을 하라는 거지.

 와! 그 정도면 진딧물 킬러잖아?

무당벌레의 한살이

어미는 노랗고 길다란 모양의 알을 무더기로 낳아.

알에서 3~4일 지나면 애벌레가 나와. 2주 정도 애벌레로 살면서 허물을 네 번 벗지.

번데기로는 5~7일 살아. 처음에는 옅은 색을 띠지만, 몸이 점점 딱딱해지면서 색도 진해지지.

다시 어른벌레가 되었네! 무당벌레는 겨울에도 얼어 죽지 않고 따뜻한 봄을 맞이한단다.

맞아. 무당벌레는 애벌레부터 어른벌레까지 하루에 수십 마리에서 수백 마리씩 진딧물을 잡아먹고 살아.

 개미는 진딧물이 배출하는 단물을 좋아해서 진딧물을 보호하기 위해 무당벌레를 쫓아내기도 한단다. 그래서 무당벌레는 개미를 아주 싫어하지.

무당벌레를 쫓아내는 개미

 그런데 무당벌레가 동글동글 귀엽게 생기고 색깔도 예쁜데, 왜 '무당'이라는 이름이 붙었을까?

 울긋불긋한 색깔 때문에 그런 게 아닐까? 바가지를 엎어 놓은 것처럼 생겼다고 '뒷박벌레'라 부르기도 해.

여러 가지 색깔과 무늬를 가진 무당벌레(외국의 무당벌레 포함)

 북한에서는 점이 많다고 '점벌레'라고 부르고, 미국과 영국에서는 '우아하고 아름다운 벌레'라는 뜻으로 레이디버그(ladybug), 레이디버드(ladybird)라고 부른단다.

 얘들은 애벌레끼리 서로 잡아먹기도 하고, 심지어 알도 먹는다는 소문이 있던데, 사실이야?

그건 얘들의 먹이인 진딧물이 없을 때만 그래. 진딧물만 있으면 그런 일은 없어.

번데기를 잡아먹는 애벌레

 얘네는 친구들한테 미안한 마음을 가질까?

글쎄~ 직접 물어봐.^^

 무당벌레는 겉날개가 철갑처럼 딱딱해서 천적이 없을 것 같아.

무당벌레를 노리는 말벌

죽은 척하는 무당벌레

무당벌레는 공격할 수 있는 무기가 없어서 방어만 해. 그래서 공격을 받으면 죽은 척하는 거야. 도망을 가야 할 때는 쓰고 고약한 냄새가 나는 액체를 뿜어내기도 해.

 에구, 귀여운 것! 그래도 애벌레는 징그러워.

따뜻한 마음 키우기

무당벌레와 공감하기

1. 무당벌레는 억울한 곤충일까요? 자기의 생각을 써 봅시다.
   _____
   _____
   _____

2. 무당벌레의 이름을 새로 지어 준다면 뭐라고 부르고 싶나요?
   _____

반딧불이

나는 반딧불이야. 우리는 애벌레부터 어른벌레까지 모두 빛을 낼 수 있어. 낮에는 습한 곳의 풀잎에 붙어 있다가 밤이 되면 반짝반짝 빛을 내면서 짝을 찾지. 우린 천연기념물로 지정된 귀한 몸이야.

우리나라 운문산 반딧불이(제공 : 무주군청)

개+똥+벌레 = ?

이 세상에서 반딧불이만큼 억울한 이름을 가진 동물은 없을 거야. 개와 똥, 벌레까지 다 들어있잖아?

ㅋㅋㅋㅋ 그러게.

박사님, 개는 사람들이 친구나 가족처럼 생각하는 동물인데, '개'라는 말은 좋지 않은 상황이나 느낌을 나타낼 때 많이 쓰는 것 같아요.

그렇단다.
'개떡' ⇨ '질이 떨어진다'
'개꿈', '개죽음' ⇨ '헛되다', '쓸데없다'
'개꼴', '개놈' ⇨ '엉망진창'
'개폼' ⇨ '보잘것없다'
이것 봐. '개'가 붙어서 좋은 말이 별로 없어.

'똥'은 또 어떻구. 더럽거나 지저분하고 고약한 냄새가 날 때 '똥'이라고 하잖아. 하찮거나 남의 기분을 나쁘게 하려고 할 때도 '똥'을 붙여 말한다구.

에구, 내 이름에는 '개'와 '똥'에다가 "벌레"까지 다 들어 있어!

(제공·무주군청)

아주 흔하게 볼 수 있는 식물이나 곤충에 '개~'를 붙여 사용하기도 한대.

반딧불이가 들으면 슬퍼하겠는걸?

그뿐이야? 개와 똥도 모자라서 벌레까지 붙였잖아?

'버러지'라고도 부르는 벌레는 '벌레 같은~' '벌레만도 못하다~'처럼 다른 사람을 무시하거나 낮추어 나타낼 때 쓰인단다.
또 '돈벌레' '밥벌레'처럼 뭔가에 쓸데없이 집착하는 사람을 비꼴 때도 쓰이구.

우리나라의 애반딧불이 암컷과 수컷
(제공: 무주군청)

옛날에는 반딧불이가 개똥만큼이나 흔하게 보이던 곤충이어서 붙여진 이름이 아닐까?
이름이 그래도 사람들은 반딧불이를 엄청 좋아하잖아?

맞아. 예전에 개똥이나 소똥 근처에서 볼 수 있는 곤충이어서 그렇게 불렸다고도 해.
그러면 뭐 해! 환경오염이나 서식지 파괴로 그 많던 개똥벌레가 거의 사라진걸….

1960년대까지만 해도 얘네들은 전국 어디서나 평화롭게 살았지. 지금은 주로 전라북도 무주, 경상북도 청도·영양, 경기도 양평을 비롯해 전국 일부 지역에서만 드물게 살고 있을 뿐이야. 오죽하면 무주 일원의 반딧불이와 그 먹이 서식지를 천연기념물(제322호)로 지정했겠어?

반딧불이를 감상하고 있는 사람들
(제공: 무주군청)

그러면 반딧불이를 어떻게 보호해야 할까?

무엇보다도 반딧불이가 살고 있는 곳에서는 농약이나 각종 오염 물질을 사용하면 안 돼. 그리고 가로등, 신호등, 자동차 불빛 등은 반딧불이의 빛보다 훨씬 밝아서 반딧불이의 짝짓기를 방해하기 때문에 반딧불이가 사는 곳에는 이런 빛들도 없게 해 주어야 해.

 진짜 궁금한데, 반딧불이는 어떻게 빛을 내는 거야? 그리고 뜨겁진 않아?

 반딧불이의 불빛은 배마디에서 나와. 그곳에 있는 '루시페린'이라는 빛을 내는 세포가 산소와 반응해서 노란색 또는 황록색의 빛을 내는 거야. 밤이 되면 짝을 찾느라 빛을 내고, 위험할 때도 빛을 내지. 그런데 뜨겁지는 않아.

마치 빛의 잔치를 벌이는 것 같은 반딧불이 무리(제공: 무주군청)

 더 신기한 거 알려 줄까? 반딧불이는 어른벌레뿐만 아니라 알, 애벌레, 번데기까지도 모두 빛을 낼 수 있어.

뭐? 알까지도 빛을 낸다구?

빛을 내고 있는 늦반딧불이 애벌레

24

그럼 반딧불이는 낮에 어디서 지내?

반딧불이는 아침부터 저녁까지는 그늘진 풀잎 뒤 그늘이나 습기가 많은 곳에서 지내. 해가 지고 어두워지면 암컷은 주로 풀잎에 붙어서 빛을 내. 수컷은 주로 암컷을 찾아다니느라 더 강하고 밝은 빛을 내지.

달팽이를 먹고 있는 늦반딧불이 애벌레(제공: 무주군청)

어른벌레는 5월 하순부터 7월 초순(늦반딧불이는 8월 하순부터 10월 초순)까지 활동하며 짝짓기를 해.
엄마 반딧불이가 100개가 넘는 알을 축축한 이끼 사이에 낳으면, 20~25일 만에 부화한단다. 애벌레는 주로 물속에 살면서 다슬기 등을 먹고 사는데, 늦반딧불이 애벌레는 달팽이를 잘 먹어.

따뜻한 마음 키우기

반딧불이와 이야기 나누기

1. 반딧불이는 왜 천연기념물로 지정되었을까요?

2. 반딧불이에게 해 주고 싶은 말은 무엇인가요?

3. 자기의 이름에 대해 어떻게 생각하나요?

4. 나와 반딧불이가 닮은 점이 있다면 무엇일까요?

배추흰나비

나는 '나비야~' 노래의 주인공인 배추흰나비야. 애벌레 때 농작물에 피해를 끼쳐서 미안하기는 하지만, 나비가 되면 꽃가루를 날라서 꽃피우기를 돕고, 농업에 도움을 주지. 그러니 우리 애벌레를 너무 미워하지 마.

하얀 나비로 기억해 줘!

 배추흰나비는 너무해!

 왜?

 배추 농사를 다 망치잖아.

배추흰나비 애벌레가 배추를 좋아하는 건 사실이야. 하지만 걔들도 할 말이 많지. 배추는 사람들이 김치를 담가 먹기 전인 옛날부터 걔들이 즐겨 먹던 먹이란 말이야.

애써 지은 농사에 큰 피해를 주는 건 맞잖아. 그러면 못된 벌레지.

애벌레가 배춧잎을 좀 먹었다고 해서 배추흰나비까지 '못된 벌레'라고 하면 걔들이 아주 억울해 하지.

조금 먹는다고? 배추를 아주 엉망으로 만드는데도?

배추흰나비의 애벌레인 배추벌레

배추벌레가 갉아먹은 양배추

 걔들 때문에 김치 못 먹은 적 있어? 그 아이들도 귀한 생명이라구.

배추흰나비의 한살이

① 어른벌레는 1년에 3~4회에 걸쳐 수십 개에서 많게는 100개 이상의 알을 낳아요.

② 옥수수 열매처럼 생긴 알은 1mm 정도로 작고, 시간이 지나면서 색깔이 연해지지요.

③ 알에서 나온 애벌레(2~4mm, 배추벌레)는 알껍데기를 갉아먹은 후 잎을 먹으면서 자라요.

④ 애벌레는 허물을 네 번 벗으면서 약 3cm까지 커져요. 이때 몸 색깔도 점차 진한 초록이 되지요.

⑤ 애벌레는 어른벌레가 되기 위해 번데기(2~3cm)가 되는데, 번데기 때는 움직이지도 않고 먹지도 않아요.

⑥ 드디어 번데기 껍질을 빠져 나오면 어른벌레가 된 거에요. 알에서 어른벌레가 되는 데 약 1개월이 걸려요.

 소심아, 꽃들이 가장 좋아하는 곤충이 누구일 것 같아? 그리고 왜 좋아할까?

 나비와 꿀벌을 좋아하는 것 같긴 한데 왜 그런지는 모르겠어.

 나비가 꽃의 꽃가루받이를 도와주기 때문이야. 그래야 씨앗과 열매가 생기거든. 그 대신 꽃은 꿀을 주는 거고. 나비는 배춧잎을 먹지 않고 꿀을 먹거든.

 만약에 나비들이 꿀벌과 함께 꽃가루받이를 하지 않는다면 예쁜 꽃도 사라지고, 꿀도 없어질 거야.

애벌레 때 배추를 좀 많이 먹어서 그렇지, 어른벌레가 되면 좋은 일을 하는 거라구.

 그리고 배추흰나비 애벌레가 배추만 먹는 건 아니야. 다른 채소도 좋아한다구.

배추

무

양배추

케일

애벌레가 좋아하는 잎

유채

엉겅퀴

배추흰나비가 잘 찾는 꽃

개망초

유채

토끼풀

멍석딸기

ㄸㄸㄸ…
모두 사람들이 즐겨 먹는 거잖아! 그것도 무농약 채소만 골라서….

그렇기는 해. 하지만 무엇보다도 배추흰나비는 사람들의 마음을 즐겁고 따뜻하게 하지.
"나비야, 나비야, 이리 날아 오너라~"
이 노래의 주인공이 바로 얘네야. 사람들은 배추흰나비를 따뜻하고 화창한 봄의 상징으로 생각한다구.

자, 이래도 배추흰나비를 '못된 벌레'라고 할 거야?

글쎄! 좀 생각해 봐야겠어.

따뜻한 마음 키우기

배추흰나비에 대해 토론해 보기

<토론 방법>
1. 배추흰나비가 억울한 곤충인지 아닌지, 각자의 입장을 정합니다.
2. 각자 근거를 토대로 이유를 말합니다.
3. 반대 의견을 말할 때도 근거를 토대로 해야 합니다.

<토론하기 전에 자기의 입장을 정리해 봅니다.>
1. 배추벌레는   ① 억울하다(   ) ② 억울하지 않다(   )
2. 근거 : _____ ~하기 때문에
3. 이유 : _____ ~하다.

소똥구리

나는 소똥구리야. 나를 본 적 있니? 우리는 열심히 동물 똥을 치워 주고, 땅도 기름지게 해 주지. 그런데 1960년대까지는 아주 흔한 곤충이었는데, 지금은 거의 멸종되었지. 왜 그랬을까?

현상금이 걸려 있어!

소똥구리가 무슨 잘못을 저질렀길래 현상금이 붙었던 거야?

잘못? ㅋㅋㅋ. 그럴 일이 있지.

 소똥구리는 평생 동안 동물 똥을 먹고, 똥과 함께 살아. 똥은 얘들의 귀중한 식량이자 집이거든.

뭐? 똥을 먹고 똥이랑 산다구?

얘들은 옛날부터 이 땅에서 살아왔어. 그런데 1970년대부터 갑자기 개체수가 줄더니, 지금은 멸종 위기 2급으로 지정되어 보호받고 있지. 지금은 친척인 애기뿔소똥구리만 일부 지역에서 살고 있어.

사라진 소똥구리를 되살리기 위해 2017년 정부(환경부)에서 한 마리에 100만 원씩 현상금을 건 일이 있어.

누구를 괴롭히기는커녕 얌전하게 살고 있던 얘들이 어쩌다가 이 땅에서 사라졌을까?

지금으로부터 7~8천만 년 전의 공룡 똥 화석에서 소똥구리가 파 놓은 굴의 흔적이 발견되었대. 그러니 얘네 조상이 그때부터 이미 똥을 먹고 굴리며 지구를 지켜 온 거라구.

어마어마하게 큰 공룡이 눈 똥덩어리는 얼마나 클까? 그런데 약 6,600만 년 전 공룡이 멸종하자 먹을 것이 없어진 얘네 조상들은 굶주리다가 이 땅에서 사라졌을 거야.

일부 살아남은 얘네 조상들이 소나 말처럼 덩치 큰 동물의 똥을 먹으며 수천만 년을 살아왔던 거지.

1960년대까지는 봄이 오면 알에서 나와 들판에서 9월까지 똥을 먹고, 굴리고, 짝짓기 하고 그 속에 알을 낳으며 열심히 살았어.

들판에서 똥을 누는 동물이 있어야 소똥구리가 사는데, 1970년 무렵부터 사람들이 논, 밭, 들에 농약을 뿌려 환경이 오염되고 소와 말은 축사에 가두어 놓고 기르잖아? 그러니 얘들이 더 이상 살 수 없게 된 거라구.

소똥구리가 동물의 똥을 분해해 주면 땅에 영양분이 생겨 풀이 잘 자라.
이 풀들을 소와 같은 초식 동물들이 먹고 똥을 누면 얘들은 또 그 똥을 먹으며 살아가는 거라구.

소똥구리는 농약 묻은 풀이나 인공 사료를 먹은 동물의 똥은 먹지 않아.

얘들이 이렇게 자연을 풍요롭게 하는 곤충인데, 멸종 2급이라니 안타까워.

우리가 질 좋은 똥을 먹어야 질 좋은 땅이 만들어진다구.

물구나무 서듯 두 팔로 땅을 짚고 뒷다리로 똥을 굴리는 소똥구리

> 소똥구리가 땅만 기름지게 하는 게 아냐. 옛날 사람들은 얘들을 약으로 쓰기도 했대. 맞나요, 박사님?

사람들이 오줌이나 똥을 잘 못 누거나 몸에 상처가 생겼을 때 소똥구리가 치료제로 쓰였단다. 특히 염증 치료에 효과가 크다고 하지. 유럽에서는 말라리아 예방약으로도 쓰였다고.

수많은 한약 재료를 팔고 있는 한약방

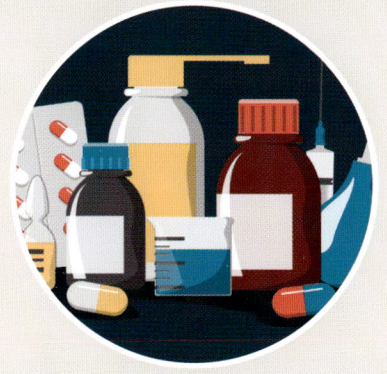

최근에는 소똥구리 몸에서 분비하는 물질이 염증 치료와 피부 재생에 효과가 있어서 약품과 화장품으로도 개발되고 있단다.

똥을 굴리다 벌렁 넘어진 소똥구리

함께 똥을 굴리고 있는 소똥구리

자기 몸보다 훨씬 더 큰 똥덩어리를 굴리는 게 쉽지 않을 텐데?

소똥구리가 굴리던 똥이 빠르게 굴러가서 소똥구리가 벌렁 넘어지기도 해. 그러면 벌떡 일어나서 다시 똥을 굴리지. 어때, 참 기특하지?

똥을 굴리다 보면 앞에 돌멩이나 땅구덩이가 있기도 하고, 언덕이 가로막을 때도 있는데, 이럴 때는 둘이서 힘을 합쳐 똥을 굴리기도 한단다.

똥을 먹고 산다고 비웃어도 1억 년도 넘게 똥을 굴리며 묵묵히 살아온 소똥구리가 이 땅에서 사라질 수 있다니 너무 가슴이 아파.

속상하네. 이제는 현상금까지 내걸리는 처지가 되었으니, 걔들은 얼마나 억울할까!

따뜻한 마음 키우기

소똥구리에게 줄 상장 만들기

표창장

위 소똥구리는 _____ 하고,

_____ 하므로

이 상장을 수여합니다.

_____ 년 ____ 월 ____ 일

(내) 이름 _____

37

> 꽃등에

안녕? 나는 꽃등에야. 벌을 닮았지만, 겁내지는 마. 나는 독침이 없고 깨물지도 않거든. 사실 파리에 가까워. 우리는 애벌레 때는 진딧물을 잡아먹고, 어른벌레가 되면 꿀과 꽃가루를 먹는단다.

벌이야, 파리야?

 앗, 벌이다!

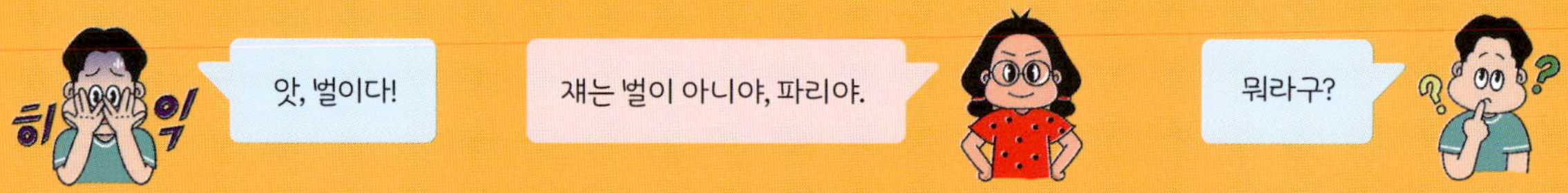

쟤는 벌이 아니야, 파리야.

뭐라구?

 꽃등에는 파리이긴 하지만 집파리하고는 차원이 달라.

 난 아무리 봐도 벌 같은데?

파리는 사람에게 병균을 옮겨요!

꽃가루를 채취하고 있는 꽃등에

집파리는 알을 낳거나 먹기 위해 똥이나 더러운 곳을 찾아다니기 때문에 해로운 세균들이 털과 다리, 그리고 몸속에까지 들어 있어. 이런 파리가 사람이 먹는 음식물에 앉으면 어떻게 되겠어?

하지만 꽃등에는 나비나 벌처럼 꽃의 꽃가루를 옮기기 때문에 농업을 도와주는 곤충이야. 게다가 애벌레는 해로운 진딧물을 잡아먹으면서 자라지.

 그런데 꽃등에와 벌은 어떻게 구별해?

 오우, 내가 입이 근질근질했어.

우선 벌은 날개가 4장인데, 꽃등에는 2장인 게 가장 큰 차이야. 또 꽃등에는 왕눈이야. 다른 파리들처럼 눈이 머리의 대부분을 차지한다구.

벌의 날개

꽃등에의 날개

벌의 눈과 긴 더듬이

꽃등에의 눈과 짧은 더듬이

꽃등에는 보통의 집파리보다 크고, 꿀벌(1.2cm, 일벌)과는 비슷하거나 조금 더 큰 편이지.
중요한 차이 하나 더! 얘네는 발톱 사이에 있는 발바닥으로 맛을 보고 냄새를 맡지만, 꿀벌은 2개의 더듬이로 냄새를 맡아.
아, 또 있다! 꽃등에는 순간 동작이 빨라서 벌보다 훨씬 잘 날고, 정지 비행도 잘해.

 그런데 꽃등에는 파리이면서 왜 벌을 더 닮은 걸까?

그건 꽃등에를 잡아먹는 새나 곤충으로부터 자신을 보호하기 위해서야.

파리

꽃등에

꿀벌

 벌은 무서운 독침이 있어서 다들 무서워하잖아? 꽃등에를 잡아먹는 곤충, 벌레, 새들의 공격을 피하기 위해 벌을 흉내 내는 거지. 물론 독침도 없고.

파리가 벌을 흉내 내다니….

집파리 애벌레인 구더기는 더럽거나 냄새나는 곳에 많이 살던데, 그럼 꽃등에 애벌레도 그런 데 사나?

그러니까 집에만 있지 말고 밖으로 나와 봐. 공원에만 가도 흔히 볼 수 있거든.

짝짓기 하는 꽃등에

진딧물을 사냥하는 애벌레

나뭇잎을 기어가는 애벌레

고치를 짓기 위해 땅에 떨어진 애벌레

꽃등에는 진딧물이 많이 사는 풀이나 나뭇잎에 보통 몇 개의 알을 낳지. 1mm 크기였던 알에서 2~3일 지나면 애벌레가 깨어나. 애벌레는 약 1개월 동안 고치('번데기) 과정을 거치면서 어른벌레가 되는 거야.

꿀벌의 애벌레는 어른벌이 모아 온 꿀이나 꽃가루를 먹고 자라지만, 꽃등에 애벌레는 스스로 진딧물을 잡아먹으면서 자란단다. 하지만 꽃등에 애벌레 중에는 흙이나 개천에서 썩은 식물이나 동물을 먹는 애들도 있어. 이런 아이들은 사람에게 해를 끼치기도 해.

42

 꽃등에는 종류가 많아?

전세계에는 6천 종이 넘고, 우리나라에는 100종이 넘는 꽃등에가 산대. 엄청나지?

 착한 꽃등에들만 살면 좋겠다. 온 세상이 꽃밭이 되게….

그러게 말이야!

따뜻한 마음 키우기

꽃등에에게 편지 쓰기

1. 꽃등에에게 하고 싶은 말을 편지에 쓰고, 부모님께 읽어 드립시다.
_____
_____
_____

2. 내가 꽃등에를 만나게 되면 어떻게 할 건지 써 봅시다.
나는 앞으로 꽃등에를 만나면 _____ 하겠다.

땅강아지

나는 땅강아지야. 멍멍이 말고. 우리는 땅 파기 선수지. 앞다리가 땅 파기 좋게 생겼어. 그래서 땅을 헤집고 다녀서 땅을 기름지게 하지만 농작물의 뿌리를 먹어서 농부님에게 피해를 끼치기는 해.

땅굴 파기 선수

 땅에 굴을 뚫고 다니는 게 자랑이냐?

그럼. 땅을 기름지게 해 주거든!

뭐? 식물 뿌리를 망가뜨려서 농사를 망치는데도?

 애벌레 때 뭘 모르고 그러는 건 이해하지만, 어른이 되어서도 땅을 헤집고 다니는 건 못된 짓이잖아?

 그게 아니야! 땅을 여기저기 뚫고 다니면 그 속에 공기가 들어가서 미생물이 많아지기 때문에 농사짓기 좋은 흙이 만들어지는 거라구. 그러니 땅강아지와 지렁이는 상을 받아야 해.

땅을 헤집고 다니는 땅강아지

식물의 여린 줄기를 자르고 있는 땅강아지

 땅에 양분이 많아져서 식물이 잘 자라면, 결국 땅강아지가 좋은 거 아냐?

 농사에도 좋고, 얘네도 좋은 거지. 얘네가 식물 줄기와 뿌리를 먹으면 얼마나 먹겠어?

45

쟤들이 사람들의 주요 양식인 감자, 당근, 양파, 조, 수수, 보리도 모자라 인삼까지 먹는다던데? 그 귀하고 비싼 걸.

인삼은 일부 풍뎅이, 달팽이, 방아벌레, 나방, 왕귀뚜라미, 심지어 쥐들도 즐겨 먹어. 게다가 인삼밭에서 자란 땅강아지는 더 귀한 약재로 쓰이지.

땅강아지는 2년생 인삼을 가장 좋아하는데, 땅강아지가 알을 낳는 5~6월에는 인삼밭에 피해를 좀 준대.

그런데 얘네만 그러는 게 아니라구. 조명나방, 왕귀뚜라미, 꿩도 인삼을 좋아한단 말이지.

인삼밭에 피해를 주는 동물

가루깍지벌레

들민달팽이

방아벌레

쥐

큰검정풍뎅이

꽃이 활짝 핀 인삼밭

그런데 땅강아지가 약재로 쓰인다구?

그렇다고 해. 아주 옛날부터. 그건 박사님 얘기를 들어 보자.

내가 생각해도 우리는 참 기특한 곤충이야.

착한 일 많이 한다고 누가 표창장 안 주나?

땅강아지는 옛날부터 한약재로 쓰였단다. 사람들의 쓸개, 콩팥, 요도 등의 기관 안에 돌처럼 단단히 뭉치는 결석을 없애 준다는 거야.
그뿐만이 아니라 배탈이나 설사에도 약으로 쓰이고, 장도 튼튼하게 해 준다고 하지.
땅강아지를 말려서 만든 가루는 변비에 특효약이래.
이쯤 되면 땅강아지를 이용해서 제약회사를 차려도 되지 않을까?^^

> 땅강아지는 귀엽게 생긴 데다 사람을 물지도 않아서 아이들이 장난감처럼 많이 갖고 놀기도 해.

❶ 우리가 귀여우니까 '강아지'라는 이름이 붙었겠죠? 땅개비라고도 해요.

❷ 수컷은 귀뚜라미처럼 소리를 내요. 땅속에서 '비이~' 하고 소리를 내면 암컷이 찾아오거든요.

❸ 암컷은 5~7월 땅속 10~20cm 깊이에 흙집을 짓고, 그 안에 200~350개의 알을 낳아요.

❹ 그 후 16~36일이 되면 귀여운 애벌레가 알을 깨고 꼬물꼬물 나와요.

❺ 애벌레는 껍질 벗기를 네 번 해야 어른벌레가 되지요. 세 번째까지는 어미가 정성껏 돌봐 주어요.

❻ 어른벌레는 앞다리가 포크레인 발처럼 생겨서 땅을 잘 파요. 헤엄도 치고, 날기도 하지요.

 땅강아지가 못된 짓을 많이 하는지, 아니면 좋은 일을 더 많이 하는지 한번 생각해 봐.

 사람들의 병을 낫게 하는 건 좋은 일이고, 농사를 망치는 건 나쁜 일이고….

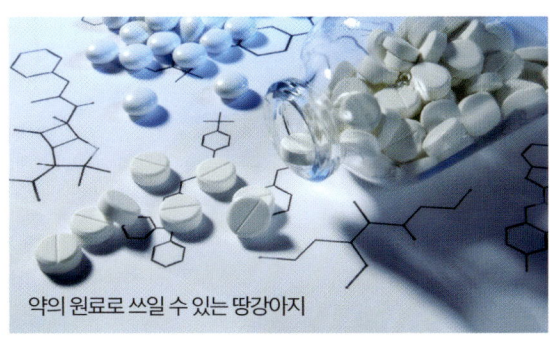
약의 원료로 쓰일 수 있는 땅강아지

땅강아지 볶음 요리

 앞으로 새로운 약 개발과 미래의 식량으로서 땅강아지가 큰 일을 해낼 거라구. 두고 봐. 하지만 얘네들의 개체수가 엄청 줄어서 걱정이야. 오죽하면 서울특별시에서 땅강아지를 보호야생생물로 지정했을까!

따뜻한 마음 키우기

땅강아지에게 엽서 보내기

땅강아지에게 어떤 마음이 드나요?
① 친해지고 싶다
② 용기를 주고 싶다
③ 충고하고 싶다
④ 또 다른 마음

그 마음을 엽서에 담아 봅시다.

땅강아지에게
_____
_____
_____
_____
너를 걱정하는 (   )가

매미

나는 매미야. 여름에 우리 때문에 시끄러울 때가 많지? 미안해. 하지만 땅속에서 애벌레로 오랫동안 살다가 땅 위에 올라와서는 겨우 한 달도 못 살거든. 이때만 짝을 만나기 위해 목청껏 노래하는 거니까 이해해 줘.

옛날에 임금이나 조정 대신들은 착하고 검소한 성품을 본받자는 뜻에서 매미 날개를 본뜬 모자를 썼단다.

조선시대 임금이 쓰던 익선관

조선시대 조정 대신이 쓰던 사모

매미가 노래하는 이유는 뭘까?

매미는 못된 벌레야. 너무 시끄러워서 잠을 잘 수가 없어.

무슨…. 옛날 사람들은 매미의 착하고 검소한 성품을 본받고 싶어했어.

 무조건 '못된 벌레'라고 하지 말고, 곤충 박사님 얘기 좀 들어 볼까?

엄마 매미는 여름에 가느다란 나무줄기에 구멍을 뚫은 다음, 그 속에 산란관을 꽂아 알을 낳는단다. 한 나무에 30~40개의 구멍을 약 1cm 간격으로 뚫고는 구멍마다 10개 정도씩 알을 낳고 힘이 빠져서 죽게 되지.

암컷 매미가 알을 낳기 위해 뚫은 구멍

좀벌의 한 종류

그런데 개미나 좀벌 같은 곤충들이 엄마 매미를 따라 다니면서 알을 훔쳐가거나 아예 먹어 버리기도 해. 엄마 매미는 알을 낳고는 바로 세상을 떠나기 때문에 애벌레가 어떻게 생겼는지도 못 보고 말이야.

애벌레는 어두운 땅속에서 3~15년 사는데, 늘 땅 위로 올라가 여름 하늘을 날아다니거나 짝을 찾는 꿈을 꿀 거야.

알에서 깨어난 애벌레는 나무에서 내려와 땅속으로 들어가지. 애벌레는 땅속에서 나무뿌리의 수액을 먹으면서 자라는데, 땅속에서 사는 기간은 매미 종류마다 달라.

땅에서 나와 이동하는 매미 애벌레

소심아! 매미의 애벌레를 부르는 이름이 있는데, 혹시 아니?
얘는 영양가가 많아서 세계 여러 나라에서 이 요리가 다양하게 발달했어.

굼벵이(매미 애벌레) 요리

아! 굼벵이 아냐? 요리라니? 징그럽게….

굼벵이가 땅속에서 그렇게 오래 살아?

그럼. 애벌레는 땅속에서 여러 번 허물을 벗고 모습이 바뀐 다음에야 땅 위로 올라가지.

애벌레는 땅을 뚫고 나와 나무에 붙어 마지막 허물을 벗어. 몸이 젖어 있어서 몸을 말린 후에야 날 수 있지.

매미의 허물 벗기

땅 위로 나오는 애벌레 / 나무로 기어오르는 애벌레 / 허물 벗기 / 몸을 말리는 어른벌레

마지막 허물을 벗기 직전 굼벵이의 약효가 제일 좋다고 해. 옛날에는 신장염이나 간경화증의 한방 치료제로 쓰였단다. 허물도 해열과 파상풍 치료에 약으로 쓰였다고 하지.

 그런데 매미는 왜 그렇게 시끄러운거야?

 우리나라에는 참매미, 말매미, 쓰름매미 등 10여 종의 매미가 사는데, 모두 수컷들이 암컷을 찾느라 소리를 내는 거야.

짝짓기 하는 암컷과 수컷

말매미

쓰름매미

참매미

암컷은 수컷이 부르는 소리를 듣고 찾아가서 짝짓기를 해. 수컷들의 아름답고 구슬픈 사랑 노래 소리를 사람들은 시끄럽다고 하는 거지.

 매미는 몇 년 만에 땅 위로 올라와 어른벌레가 된 후 겨우 7~30일 살다가 죽는데, 그 사이에 짝을 만나야만 하니, 얼마나 열심히 노래를 해야 하겠어?

 슬픈 얘기 하나 더! 매미만큼 천적이 많은 곤충도 없을 거야. 몸집이 커서 그런지 매미를 먹잇감으로 노리는 동물이 정말 많아.

매미의 천적

직박구리 / 까치 / 다람쥐 / 청설모
사마귀 / 거미 / 말벌 / 두더지

시끄럽다고 싫어했는데, 듣고 보니 딱하구나!

따뜻한 마음 키우기

매미 노래 만들기

매미에게 해 주고 싶은 말을 노랫말로 만들어 노래해 봅시다.

_____
_____
_____
_____

방아벌레

나는 방아벌레야. 높이뛰기 선수이지. 옛날에는 어린이들이 우리를 얼마나 귀찮게 했는지 몰라. 우린 몸이 뒤집히면 똑바로 서기 위해 높이 뛰어 오를 수밖에 없는데, 그게 그렇게 재미있니?

높이 뛰어 뒤집기의 달인

 벌레가 무슨 달인이야?

ㅋㅋㅋ, 그럼 '달충'이라고 할까?

꼭 우주괴물처럼 생겨서 무서워!

'방아벌레 애벌레가 지네같이 생긴 '철사벌레' 맞지? 걔들은 징그럽게 생긴 데다 감자 농사를 망치는 '못된 벌레'잖아?

그거야 애벌레 때 먹고 살기 위해서 그러는 건데, '못된 벌레'라고 하면 안 되지 않을까?

방아벌레의 애벌레인 철사벌레

나무뿌리를 갉아먹는 애벌레　　　감자를 뚫고 나오는 애벌레

그리고 방아벌레 애벌레가 지렁이 같다구? 몸의 마디가 선명한 데다가 크기도 지렁이보다 훨씬 작은 데도? 애벌레들은 나무뿌리를 좋아하는데, 특히 감자를 아주 좋아하긴 해.

방아벌레 중에서도 청동방아벌레의 애벌레가 유난히 감자를 좋아해. 어른 방아벌레는 대부분 산과 들에 살면서 식물의 잎을 먹고 살기 때문에 농작물에는 거의 피해를 주지 않아. 오히려 감자뿔나방과 일부 무당벌레가 감자를 훨씬 더 좋아하지.

큰심팔점박이무당벌레는 어른벌레와 애벌레가 모두 감자의 잎을 갉아먹어서 사람들 속을 좀 썩이지.

청동방아벌레와 애벌레

감자나방과 애벌레

방아벌레가 사람을 괴롭히지는 않니?

괴롭히기는 무슨…. 방아벌레는 이빨도 없고, 독이나 침도 없어. 그래서 사람이 건드리면 죽은 척을 하지.

대유동방아벌레

우리나라에는 방아벌레가 100여 종이나 살고 있는데, 사람을 물거나 괴롭히는 애들은 없으니 걱정마.

참, 방아벌레가 묘기를 부리는 건 아니?

벌레가 무슨 묘기를 부려?

뒤집히면 버둥거리다가 몸을 바르게 하기 위해 높이 뛰는 방아벌레

방아벌레의 배가 보이게 뒤집어 놓으면 얘들은 그냥은 몸을 뒤집지 못해. 몸에 비해 다리가 엄청 짧기 때문이지.

몸을 뒤집으려면 다리를 접고, 몸을 활처럼 구부렸다가 힘껏 펴면서 공중으로 튀어올라야 해. 이때 '톡' 소리가 나지. 공중에서 몸을 돌려 바닥에 떨어지려는 거야. 누운 채 잘못 떨어지면 다시 튀어올라야 한단다.

땅에 다리가 닿으면 잽싸게 도망을 가지. 얘네가 도망갈 때 다시 잡아 뒤집어 놓고, 뒤집어 도망가면 또 뒤집어 놓고…. 그러면 얘네는 기운이 빠져서 튀어오르는 높이가 점점 낮아져. 곤충을 괴롭히면 안 되는데, 사실 방아벌레 뒤집기 놀이가 엄청 재미있어.

 이렇게 방아벌레가 몸을 구부렸다가 튀어오르는 원리를 이용해서 과학자들이 로봇을 개발하기도 했지.

아래 유투브 주소를 검색하여 관련 동영상에서 확인할 수 있어.
https://youtu.be/9ozz2jRfBUk

미국 일리노이대학교의 기계공학자들과 곤충학자들이 이 원리를 이용하여 넘어져도 스스로 일어나는 로봇을 개발했단다.

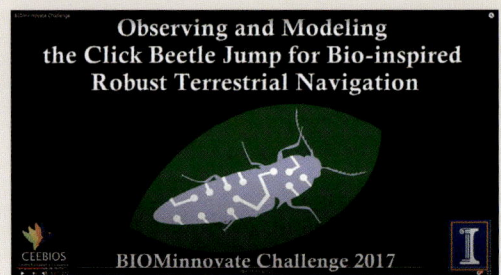

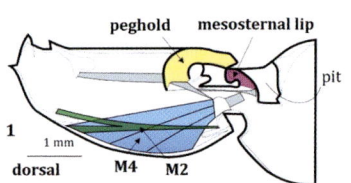
방아벌레의 높이뛰기 비밀은 머리와 몸 사이에 있는 경첩 같은 구조에 있다.

경첩 / 경첩 같은 부위

이 경첩 같은 부위를 이용해 튀어오르고, 공중에서 몸을 뒤집는 거래.

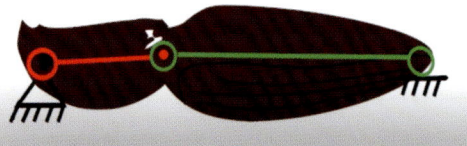
경첩 가운데 꺾이는 곳을 중심으로 몸이 움직인다.

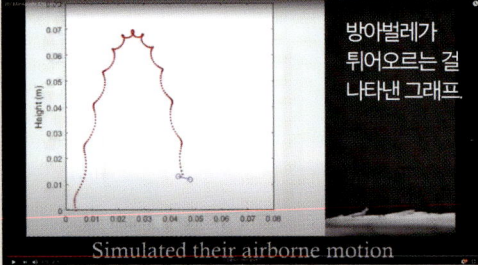
방아벌레가 튀어오르는 걸 나타낸 그래프

방아벌레가 튀어오르는 원리를 설명하는 연구원

전 세계의 기계, 의학, 건축, 디자인 등의 전문가들이 생물체에서 아이디어를 얻는 경우가 많다고 하는데, 이렇게 좋은 일을 한 얘들이 왜 못된 벌레냐구? 오히려 상을 줘야지.

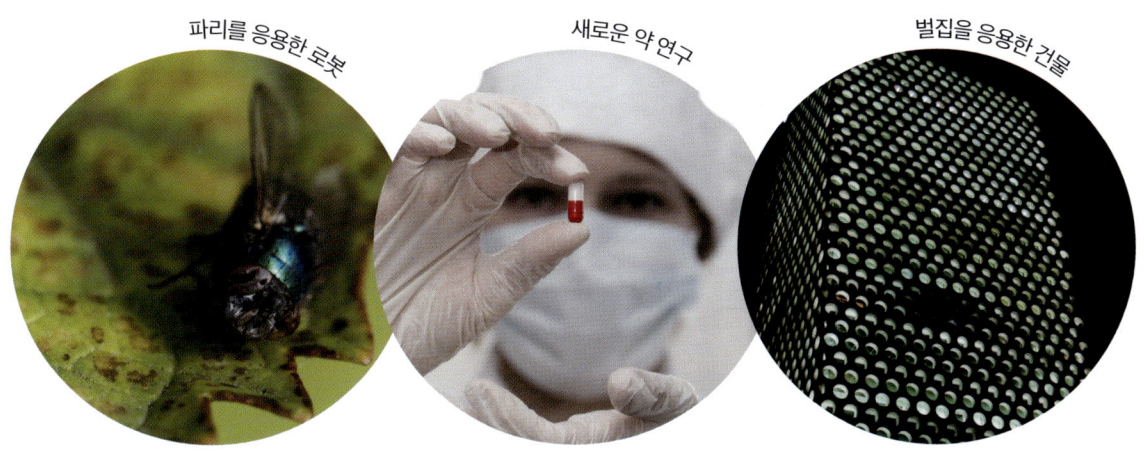

파리를 응용한 로봇   새로운 약 연구   벌집을 응용한 건물

인정! 청동방아벌레 소문만 듣고 오해를 좀 했어. 나도 방아벌레 뒤집기 놀이를 해 보고 싶어. ㅋㅋㅋ

따뜻한 마음 키우기

방아벌레와 인터뷰하기

방아벌레 이야기를 읽으면서 궁금했던 점을 어린이 기자가 되어 질문하고, 예상 답변도 써 봅시다.

- **기자 질문 1:** _____
  – 방아벌레 답변 : _____

- **기자 질문 2:** _____
  – 방아벌레 답변 : _____

> 인터뷰 방법 : ① 존댓말로 묻고 답합니다. ② 질문할 것을 미리 준비합니다.

누에나방

나는 누에나방이야. 오랜 옛날부터 사람들은 우리를 길렀단다. 심지어 왕비님도 왕실에서 직접 길렀지. 왜 그랬을까? 애벌레인 누에고치와 번데기가 명주실, 음식 등 많은 것을 선사하기 때문이야.

파란 하늘을 날고 싶어!

 누에나방은 사람들이 귀하게 여기는 곤충인데, 뭐가 억울해?

 날개가 있어도 날지 못하잖아.

 날지 못한다구?

 누에나방이 '명주(실크)'라는 귀한 선물을 주니까 사람들은 좋아하지만, 걔네는 슬프다구. 2~3일밖에 못 사는 어른벌레 때 날개를 활짝 펴고 파란 하늘을 훨훨 날아보고 싶지 않겠어?

날개가 있으면 뭐 하냐구. 날지도 못하는데.

 뭐? 누에나방이 너한테 그렇게 얘기하니?

 얘네는 하루살이만도 못한 것 같아. 하루살이 애벌레는 물속에서 1년 넘게 사는 데다가, 어른벌레가 되어서는 하루이틀이라도 하늘을 날 수 있잖아?

사람이 기르는 누에나방은 잘 날지 못한다.

누에나방은 어른벌레로 사는 2~3일 동안에 알을 무려 500~600개나 낳고는 날아보지도 못한 채 세상을 떠난단 말이야. 자연에서 태어났다면 멋지게 날 수 있을 텐데….

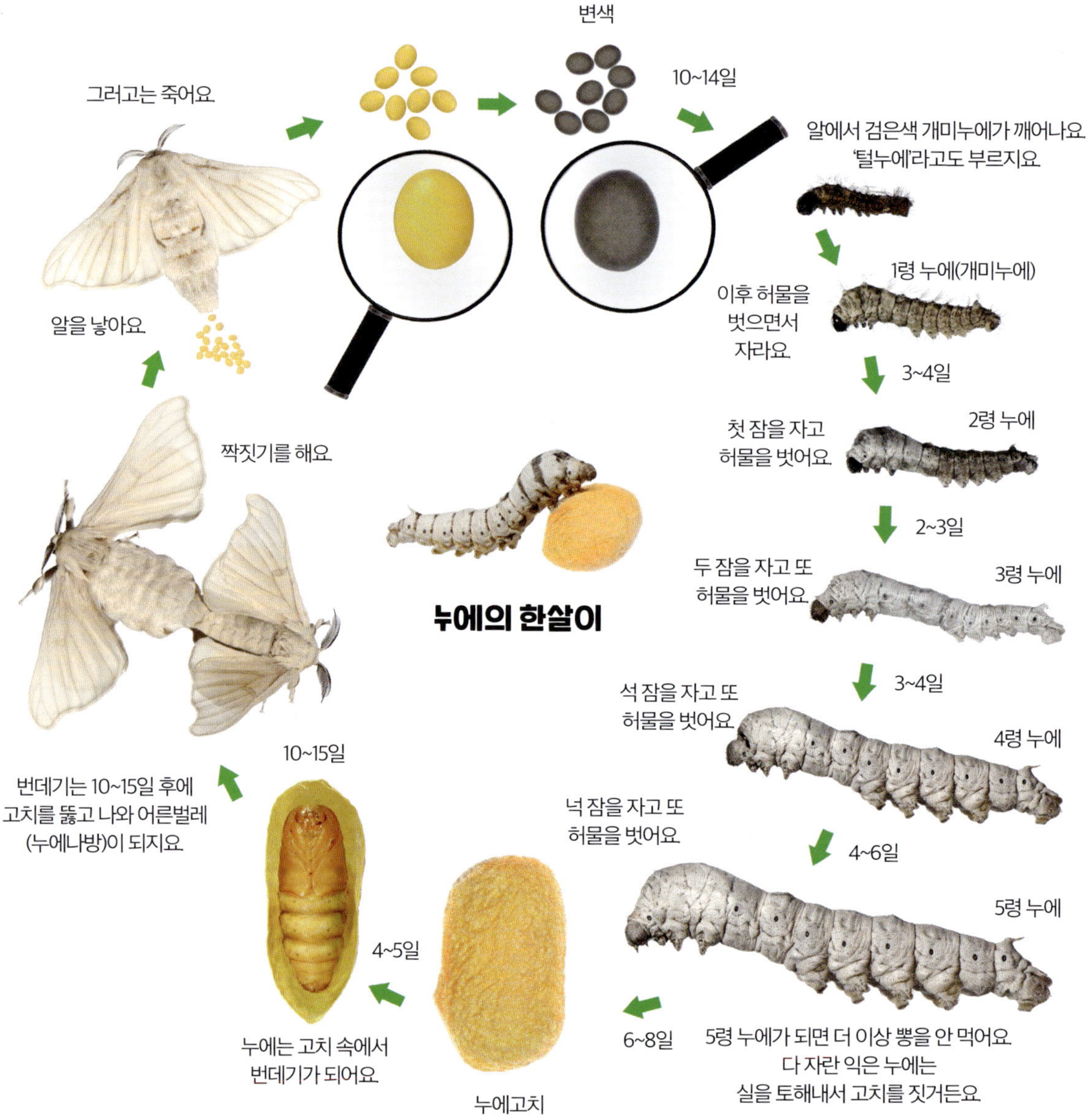

누에의 한살이

그러고는 죽어요

알을 낳아요

짝짓기를 해요

번데기는 10~15일 후에 고치를 뚫고 나와 어른벌레(누에나방)가 되지요

10~15일

4~5일

누에는 고치 속에서 번데기가 되어요

누에고치

6~8일

변색

10~14일

알에서 검은색 개미누에가 깨어나요. '털누에'라고도 부르지요

이후 허물을 벗으면서 자라요

1령 누에(개미누에)

3~4일

첫 잠을 자고 허물을 벗어요.

2령 누에

2~3일

두 잠을 자고 또 허물을 벗어요.

3령 누에

3~4일

석 잠을 자고 또 허물을 벗어요

4령 누에

넉 잠을 자고 또 허물을 벗어요

4~6일

5령 누에

5령 누에가 되면 더 이상 뽕을 안 먹어요. 다 자란 익은 누에는 실을 토해내서 고치를 짓거든요

날개를 쓸 일이 없겠구나! 누에가 사람들에게 좋은 일을 많이 하는데….

누에고치에서 뽑은 명주실로 실크(비단)를 짜는 건 알지? 얘들이 없다면 비단옷을 못 입는 거지. 사람들이 좋아하는 간식인 번데기는 가축이나 양식 물고기의 사료, 그리고 고급 비누와 식용유의 원료로도 쓰이고, 누에 똥은 가축 사료, 식물의 뿌리 내림 촉진제, 녹색 염료, 연필심을 만드는 데까지 쓰이지.

누에고치와 번데기의 다양한 쓰임새 — 명주실, 번데기 요리, 비누의 원료, 새로운 약 개발, 화장품 원료, 누에고치 인형

그뿐인 줄 알아? 누에가 당뇨병 치료제 같은 약품이나 화장품을 만드는 데도 쓰인다구. 아마 누에가 사람들에게 좋은 일을 가장 많이 하는 곤충일 거야.

 그래서 옛날부터 사람들이 집에서 누에를 기른 거구나!

 박사님이 좀더 자세히 알려 주실래요?

그럼~! 고조선시대부터라고 하니까 아주 오래되었단다. 조선시대까지는 임금님이 백성들에게 누에치기를 적극 장려하고 방법도 자세히 가르쳐 주었지. 심지어 풍요를 기원하는 제사도 지냈어. 이후 1960~1970년대에는 농촌에서 누에치기를 해서 외국에 실크 수출도 많이 했지.

친잠례 행사

선잠제 행사

(사진 제공: 잠사박물관)

친잠례(親蠶禮) : 조선시대에 왕비가 직접 누에를 치고 고치를 거두어 백성에게 양잠의 중요성을 널리 알리고 장려하고자 했던 의식이다. 왼쪽 사진은 이를 재현한 행사이다.

선잠제(先蠶祭) : 조선 시대에 왕실에서는 서울 성북동에 있는 선잠단지(先蠶壇址)에서 양잠이 잘되기를 기원하는 제사를 올렸다. 오른쪽 사진은 이를 재현한 행사이다.

누에 가루

우리나라에서는 오래전부터 누에, 번데기, 고치, 누에나방까지 한약 재료로 써 왔어. 흉터와 가려움증, 마비 증세를 낫게 하고, 어린아이가 놀라서 발작하는 증세를 치료하는 약으로 쓰였단다.

 누에나방은 입이 없으니까 먹거나 마실 수 없는 걸 슬퍼하진 않을 거 같아. 하지만 한 번만이라도 푸른 하늘을 자유롭게 날아 보고 싶지 않겠어?

그러게! 얼마나 답답할까?

따뜻한 마음 키우기

누에나방의 마음 대변하기

 네가 하늘을 날아다니면 새가 잡아먹을 텐데…. 땅에 앉으면 사마귀나 두꺼비의 먹이가 될 수 있고….

하루살이

나는 하루살이야. 우리는 하루만 살지 않아. 애벌레로 1년도 더 살지. 사람들은 우리를 깔따구로 오해하는데, 그건 너무 억울하다구. 깔따구 애벌레는 더러운 물에 살고, 하루살이 애벌레는 깨끗한 물에 살거든.

하루만 산다구?

 하루살이는 태어나서 하루만 사니까 억울하겠어!

그건 심각한 오해라구.

하루살이는 '알→애벌레→버금어른벌레→어른벌레'가 되는 데 1~3년이 걸려.

그래? 하루만 사는 게 아닌데, 왜 그런 이름이 붙었을까?

물속에 사는 하루살이 애벌레

하루살이 어른벌레

그건 아마 어른벌레가 되어서는 땅 위에서 하루나 이틀밖에 못 살기 때문에 그렇게 부르는 것 같아.

얘들이 진짜 억울해 하는 건 여름철에 떼로 몰려다니며 사람들을 귀찮게 하는 깔따구를 하루살이로 안다는 거야.

물가 들판을 날아다니는 깔따구 떼

깔따구 애벌레

깔따구 어른벌레

하루살이 애벌레는 1~2급수의 맑은 물에 살고, 깔따구 애벌레는 4급수의 더러운 물에 살아.

덩치도 하루살이가 깔따구보다 훨씬 더 큰데 말이야.

70

물속에서 하루살이 애벌레를 보았다면, 그 물은 오염되지 않은 맑은 물이니 안심해도 된다는 증거야.

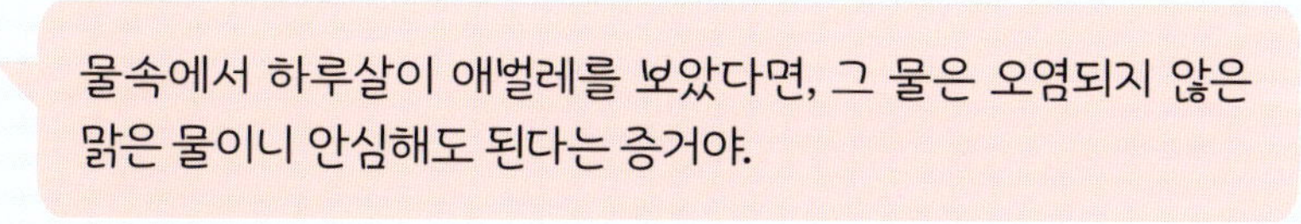

맑은 물에 사는 하루살이 애벌레

하루살이를 잔뜩 물고 집으로 돌아온 새

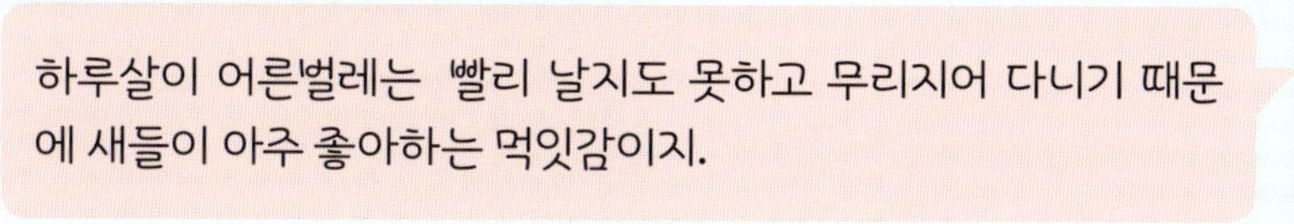

하루살이 어른벌레는 빨리 날지도 못하고 무리지어 다니기 때문에 새들이 아주 좋아하는 먹잇감이지.

하루살이 어른벌레는 입이 없어. 입이 없으니 누군가를 공격할 수도 없고. 위, 작은창자 같은 소화기관도 필요가 없지.

그럼 똥도 안 싸겠네? 와~ 똥 싸는 곤충이 진짜 부럽겠다!

하루살이 애벌레가 시냇물에 사는 물고기들의 밥이 되기 쉬워서 엄마 하루살이는 알을 1,000개도 넘게 낳는단다.

하루살이 애벌레는 시냇물의 바닥이나 돌 밑 또는 돌에 붙어서 살기 때문에 물고기들이 아주 좋아하는 먹잇감이야.

하루살이 애벌레

"버금어른벌레에서 마지막 껍질을 벗고 어른벌레가 되면 하룻동안 모든 힘을 쓰고는 생을 마쳐."

"저녁노을이 질 때, 하루살이들이 떼 지어 날아가는 걸 본 적 있니? 그건 바로 하루살이들의 처음이자 마지막 비행이야."

"너무 슬픈 이야기다!"

"암컷이 수컷 무리 속으로 뛰어들면 운 좋은 수컷이 낚아채서 나란히 결혼 비행을 해."

껍질을 벗는 모습

버금어른벌레 날개는 나왔지만 아직 어른벌레가 되지 못한 단계. 한 번 더 허물을 벗으면 어른벌레가 된다.

따뜻한 마음 키우기

하루살이와 상담하기

내가 <억울한 곤충 상담소> 소장이 되어 하루살이의 사정을 들어 보고, 자기의 생각을 말해 봅시다.

– 하루살이의 억울한 사정은 무엇인가요?
_____

– 내가 뭐라고 말해 주면 좋을까요?
_____

개미귀신

안녕? 나는 개미귀신이야. 내가 '귀신'이라니? 또 나의 집이 '지옥'이라니? 예쁜 이름으로 바꿔 줄 수 없겠어? 지금은 이렇게 살아도, 어른이 되면 명주잠자리가 되어 파란 하늘을 훨훨 날 거라구.

연약한 귀신

무시무시하게 이름에 무슨 '귀신'이 붙었어?

그러게. 얘들도 이 이름을 싫어할 것 같아.

 왜 그런 이름이 붙은 걸까?

 눈에 띄지 않게 숨어서 개미를 잡아먹어서 그런 이름이 붙은 게 아닐까?

미국에서는 얘네를 '개미사자(antlion)'라고 부른대. 어때, 멋진 이름이지?

명주잠자리

 개미귀신 어른벌레는 생긴 것도 예쁘고, 이름도 '명주잠자리'인데, 애벌레는 왜 이렇게 생긴거야?

칙칙한 땅색에 집게 턱은 머리통보다 더 크고, 털까지 듬성듬성 나 있는 게 꼭 괴물 같아.

명주잠자리의 애벌레인 개미귀신

75

 개미귀신은 눈과 코가 없어서 앞을 볼 수도 없고, 냄새도 맡을 수가 없어.

에구, 생긴 거만 무섭지, 불쌍하네!

그러면 사냥을 어떻게 해?

깔때기처럼 생긴 개미귀신의 집

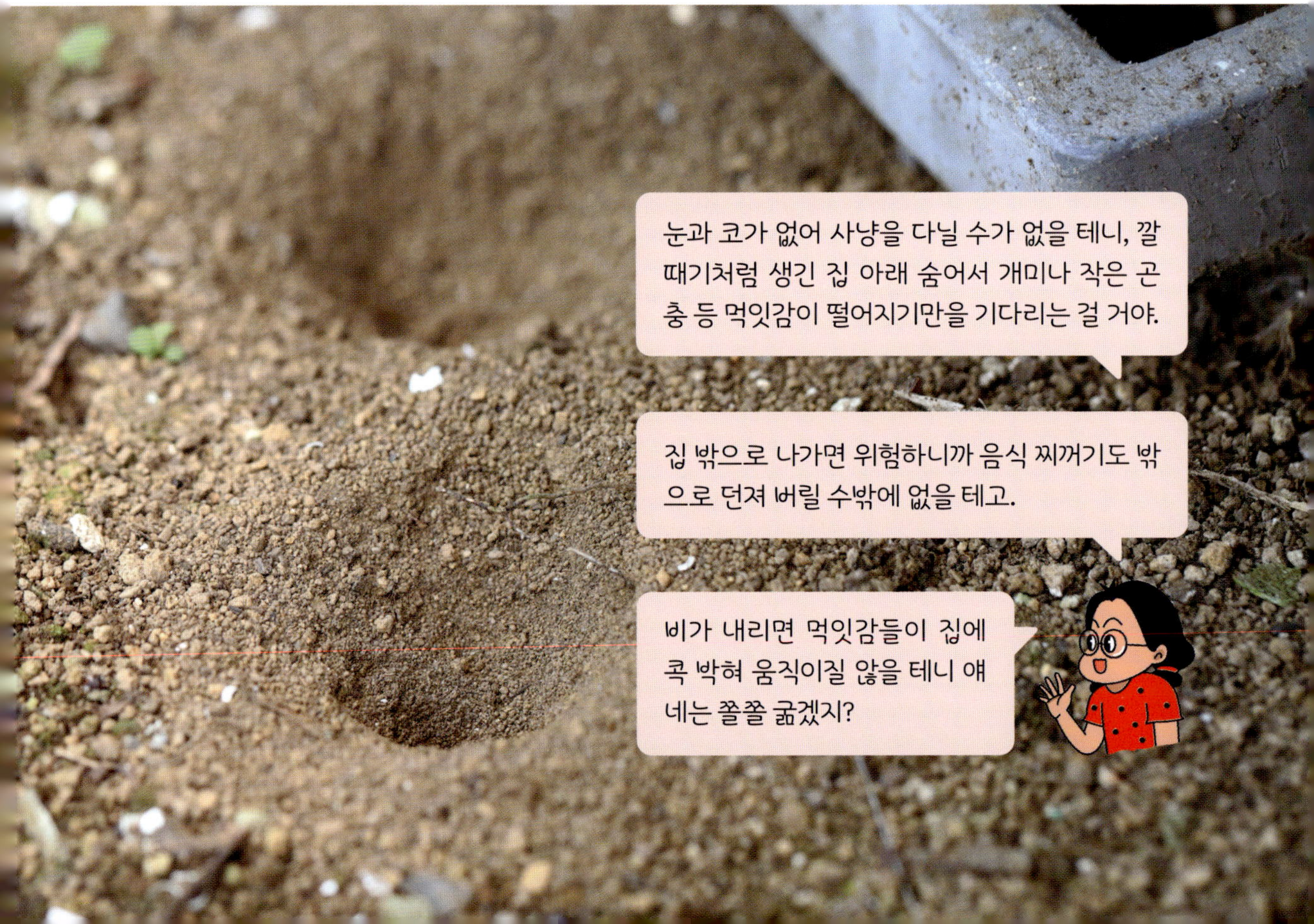

눈과 코가 없어 사냥을 다닐 수가 없을 테니, 깔때기처럼 생긴 집 아래 숨어서 개미나 작은 곤충 등 먹잇감이 떨어지기만을 기다리는 걸 거야.

집 밖으로 나가면 위험하니까 음식 찌꺼기도 밖으로 던져 버릴 수밖에 없을 테고.

비가 내리면 먹잇감들이 집에 콕 박혀 움직이질 않을 테니 얘네는 쫄쫄 굶겠지?

 눈과 코만 없는 게 아냐. 얘들은 이빨도 없고, 응가를 하는 똥꼬도 없다구.

 뭐라구? 그러면 방귀도 못 뀌겠네?

개미귀신은 곤충을 집게로 집어 모래 속으로 끌어당긴다.

집게로 개미를 잡고 있는 개미귀신

 이빨이 없어 씹을 수가 없으니 개미 같은 작은 곤충의 체액을 빨아 먹고 사는 거지.

똥꼬가 없는 곤충이 또 있을까? 얼마나 답답할까?

77

개미귀신은 모래밭이나 돌 옆에 깔때기 모양의 크고 작은 집을 짓는데, 그 집을 '개미지옥'이라고 해.

개미귀신이 지은 집은 사람들이 동물을 잡기 위해 만든 그물, 올가미, 함정과 같은 거거든.

그런데 왜 무섭게 '지옥'이라고 부르는 거야? 예쁘게 '명주잠자리 아기집'이라고 부르면 좋을 텐데.

'개미지옥'으로 불리는 개미귀신의 집

하지만 개미귀신은 시냇가 모래밭에 주로 집을 짓고 살면서도 수영을 못한대.

그럼, 비가 많이 와서 모래밭에 물이 차면 개미귀신은 집뿐만 아니라 목숨도 잃을 수 있겠네!

이렇게 힘없고 불쌍한 애들한테 누가 '귀신'이라는 이름을 붙여 준 거야? 얼른 이름 바꿔 줘!

따뜻한 마음 키우기

개미귀신에게 공감 쪽지 쓰기

위로의 쪽지	응원의 쪽지

사마귀

나는 사마귀야. 곤충계의 천하무적이라고 하지? 하긴 개구리나 도마뱀 같은 척추동물도 잡아먹긴 하지만 알에서 나와 어른이 되는 사마귀는 얼마 안 돼. 우리는 새, 개구리, 도마뱀, 박쥐 등 많은 포식자들이 좋아하는 먹이거든.

천하무적은 무슨!

앗, 곤충계의 천하무적이다! 곤충들이 사마귀만 보면 벌벌 떨잖아? 사실, 나도 무서워.

사마귀가 용감하긴 하지만 떨 만큼은 아냐.

 알에서 깨어난 어린 사마귀가 자라면서 온갖 천적들에게 시달리고 잡아먹히다 보니 살아남기 위해 강한 척하는 게 아닐까?

 천적이 많으니 사마귀도 알을 많이 낳겠네?

 엄마 사마귀는 늦가을에 바위 밑이나 나뭇가지에 거품 같은 분비물과 함께 알을 낳아. 봄이 되면 애벌레가 알을 깨고 나와 진딧물 같은 작은 곤충을 잡아먹으면서 살아가지.

암컷 사마귀가 알을 낳고 있어요

알에서 나온 새끼들이 모여 있어요

사마귀의 한살이

여섯 번의 허물을 벗으면 멋진 날개가 나오지요

어릴 때는 날개가 나오지 않지요

 천하무적 사마귀도 어릴 때는 날개가 없네!

 애벌레는 예닐곱 번 허물을 벗어야 어른이 되는데, 마지막 허물을 벗을 때에야 날개가 나와. 하지만 대부분의 애벌레는 어른이 되기 전에 개미, 거미, 개구리, 새 등에게 잡아먹히게 되지.

그런데 얘들은 왜 저보다 큰 동물, 그리고 사람에게까지 덤비는 거야?

강한 공격만이 최고의 방어라고 생각하는 게 아닐까? 새, 두꺼비, 도마뱀, 심지어 장수말벌까지도 사마귀를 잡아먹기 때문에 자기 보호를 위해 그런지도 몰라.

내가 너무 겁이 없나?

말벌

우와! 잘 아는걸? 사마귀가 여름에는 초록색, 가을에는 갈색으로 몸 색깔을 바꾸는 건 바로 천적을 피하기 위한 거야! 그래야 몰래 사냥도 잘할 수 있고.

사마귀의 천적

새 두꺼비 도마뱀

수컷 사마귀의 슬픈 얘기 하나 해 줄까? 수컷 사마귀는 짝짓기 중이거나 짝짓기를 마친 후에 암컷에게 잡아먹히는 경우가 많아.

짝짓기 하는 사마귀 수컷(위)과 암컷(아래)

가을이 오면 사마귀가 짝짓기를 하는데, 이 시기에 암컷은 식욕이 왕성해져서 짝짓기하던 수컷 사마귀까지 잡아먹는 거야.

수컷을 잡아먹는 암컷 사마귀

짝짓기 하려고 덤볐다가는 암컷에게 잡아먹히는 일이 생겨. 그래서 영리한 수컷은 암컷이 다른 곤충을 먹고 있을 때 슬쩍 짝짓기를 하지.

암컷이 건강한 알을 낳기 위해 영양분이 필요해서 그런 거긴 하지만, 수컷이 좀 불쌍해.

그런데 박사님, 사마귀도 옛날부터 사람들에게 좋은 일을 했다고 들었는데, 진짜예요?

좋은 일?

그럼. 옛날에는 사마귀가 한약재로 많이 쓰였지.
기침을 멈추게 하거나 뇌막염, 해열제, 폐결핵, 늑막염에 좋은 약재였다고 해. 그래서 옛날 사람들은 병이 났을 때, 말린 사마귀를 달여 먹거나 간장에 볶아서 먹었대.

각종 한약 재료를 판매하는 한약방

이제라도 알아주니 고마워!

사마귀가 사람에게 덤비기만 하는 게 아니었네!

 좋은 일 하는 건 더 있어. 사마귀는 사람에게 해로운 곤충을 많이 잡아먹어 주는 해충 처리반이라구.
사마귀가 이렇게 용감한 척하면서 좋은 일을 많이 하고 살아도 겨울을 한 번도 지내 보지도 못하고 저세상으로 간다는 걸 기억해 줘. 하얗게 내리는 함박눈을 한 번도 본 적이 없다구.

죽음을 맞이한 사마귀

 나, 진짜 사마귀를 싫어했는데, 그런 사연이 있었구나! 사마귀야, 미안해!

헐! 소심이 네가 싫어하지 않는 곤충이 있기는 하냐?

따뜻한 마음 키우기

입장 바꿔 생각하기

1. 내가 사마귀의 입장이 되어 억울함을 말해 봅시다.

2. 사마귀의 입장에서 사람들에게 가장 서운했던 점은 무엇일까요?

3. 사마귀의 입장에서 가장 힘들었던 점은 무엇일까요?

4. 사마귀가 다른 곤충에게 사과하고 싶은 것이 있다면 무엇일까요?

각다귀

나는 각다귀야. 모기와 비슷하게 생겼지만, 오히려 파리와 사촌쯤 돼. 사람들이 우리를 보면 '모기가 나타났다!'고 아우성인데, 사실 우리는 사람을 해칠 무기가 전혀 없어. 그러니까 함부로 죽이지 마.

내가 모기라니!

으~ 왕모기다! 물리면 진짜 아프겠다!

얘는 모기가 아니라 각다귀라구. 얘는 물지 않아.

진짜?

소심아, 너 각다귀를 보면 '왕모기'라고 하면서 죽이지 않았니?

아니, 무서워서 죽이지도 못하고 늘 도망다녔어.

확대한 각다귀 모습

확대한 모기 모습

 각다귀는 얼핏 보면 모기와 비슷하게 생겼지만, 모기처럼 피를 빨지도 않고 무척 순해.

그럼 모기와 닮아서 내가 오해한 거야?

 내가 각다귀에 대해서 좀 가르쳐 줄게. 엄마 각다귀는 수풀이 우거진 곳이나 물가에 알을 낳아.

 며루? 처음 들어보는데….

'며루'라고 부르는 각다귀 애벌레는 주로 흐르는 물 속이나 수풀에 살지.

며루는 보통 썩은 식물을 잘 먹는데, 논이나 밭에 사는 애들은 살아 있는 벼나 보리의 뿌리를 잘라 먹기도 해서 사람들이 해를 끼치는 벌레로 알지.

각다귀의 애벌레인 며루

으이그, 얘는 또 왜 이렇게 징그럽게 생겼어!

짝짓기 하는 각다귀 수컷(왼쪽)과 암컷(오른쪽)

각다귀는 모기보다 5~6배나 더 커. 다리와 몸이 모기보다 훨씬 길지. 자, 비교해 봐!

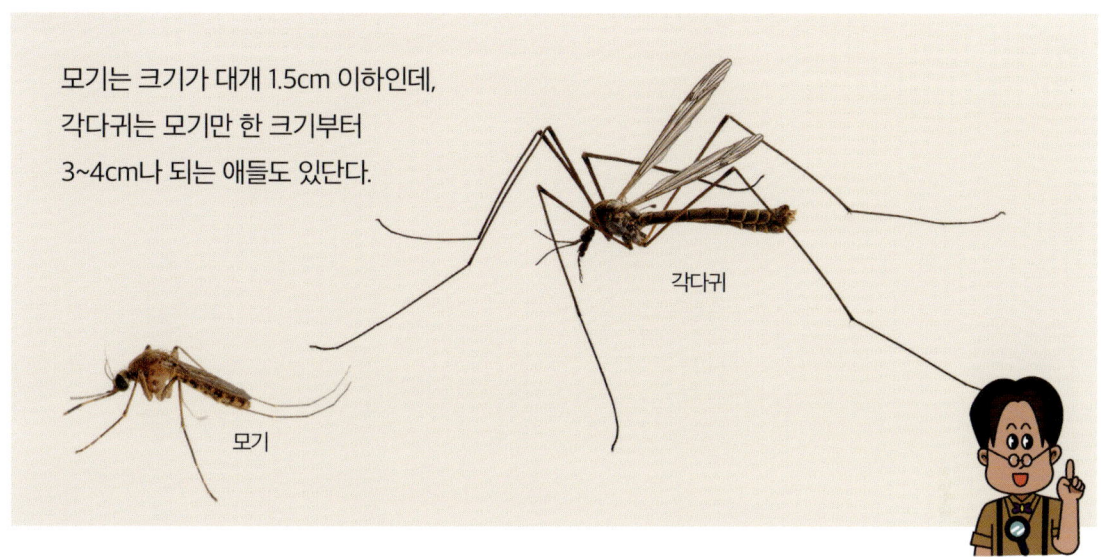

모기는 크기가 대개 1.5cm 이하인데, 각다귀는 모기만 한 크기부터 3~4cm나 되는 애들도 있단다.

각다귀

모기

각다귀는 모기처럼 사람의 피를 빨아 먹지 않아. 그러니 말라리아 같은 전염병을 옮길 일도 없지.

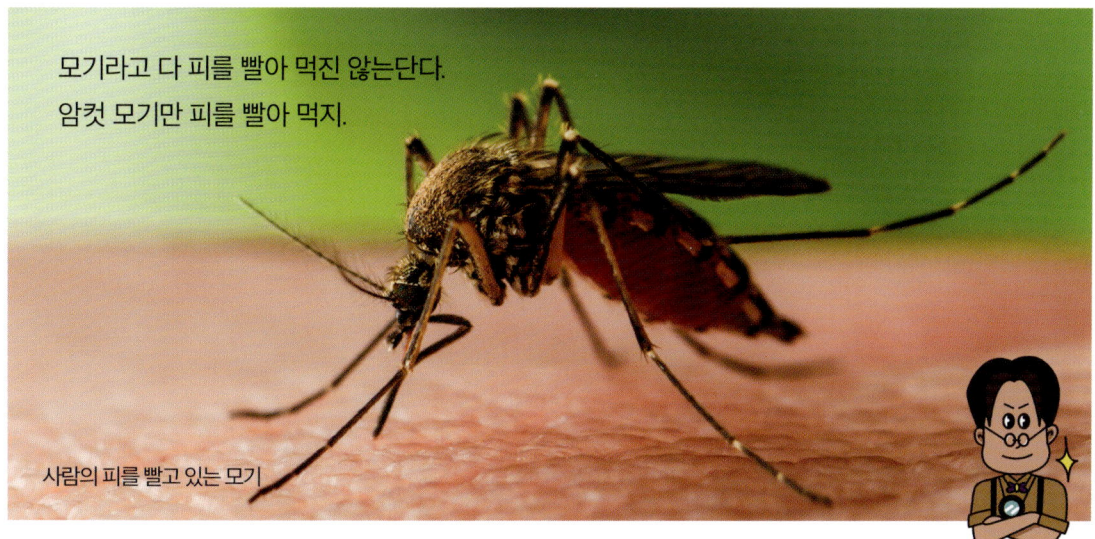

모기라고 다 피를 빨아 먹진 않는단다. 암컷 모기만 피를 빨아 먹지.

사람의 피를 빨고 있는 모기

 소심아, 어제 내가 너희 집에 놀러 갔다가 나올 때 말이야. 네가 다시 안으로 뛰어 들어가던데, 왜 그런 거야?

문틀에 붙어 있는 각다귀

 왕모기 때문이었지.
조그만 모기가 물어도 엄청 가렵고 빨갛게 부어오르는데…. 그렇게 커다란 모기가 물면 주사 맞는 느낌일 거 아냐?
그래서 아빠한테 대왕모기가 나타났다고 말씀드리러 간 거야.

 그랬구나! 그래서 너희 아빠가 "파리채와 모기약 어디 있지?" 하면서 나오셨구나. 그런데 현관문을 열고 나올 때, 각다귀 한 마리도 따라 나왔어.

그 후 놀라운 장면을 목격했어. 각다귀가 너희 집 마당 쪽으로 날아가다가 왕거미줄에 걸려 버린 거야. 걔는 어떻게 되었을까?

물방울 맺힌 거미줄

아하!

그럼, 나 때문에 각다귀가 죽은 거야? 각다귀에게는 미안한 일이지만, 거미는 고마워하겠네!

따뜻한 마음 키우기

억울한 일 기억하기

1. 내가 억울했던 일
- 기억하여 쓰기 _____
- 나를 위로하는 말 쓰기 _____

2. 친구가 억울했던 일
- 기억하여 쓰기 _____
- 친구를 위로하는 말 쓰기 _____

베짱이

안녕? 나는 베짱이야. 이솝 선생님 때문에 유명해졌지만, 게으름뱅이로 잘못 알려져서 슬퍼. 우리의 사촌격인 여치, 메뚜기와 함께 흔한 곤충이었는데, 요즈음은 찾아보기 어려울 거야. 왜 그럴까?

이솝 선생님이 미워요!

풀숲에서 한가하게 노래나 부르는 베짱이가 왜?

'개미와 베짱이'라는 이야기 때문에 걔네들이 게으름뱅이로 오해받고 있잖아?

'아니 땐 굴뚝에 연기 날까!'라는 속담이 있잖아?
그럴 만하니까 그런 얘기가 만들어졌겠지!

베짱이는 작은 곤충들을 먹고 살기 때문에 먹이를 찾으러 늘 돌아다녀야만 해. 그런데 놀 시간이 어디 있어?

알을 낳고 있는 베짱이

베짱이가 겨울에 개미에게 구걸을 한다구? 천만에. 얘네는 겨울이 오기 전에 나무껍질 속에 알을 낳고 죽는단 말이야. 귀여운 알들은 긴 겨울잠을 자고.

 그래? 내가 잘못 알고 있던 거였네! 그런데 베짱이를 잘 못 보겠던데, 왜 그런지 알아?

농약 살포

더럽혀진 자연

1970~1980년대만 해도 풀숲이나 야산 등 어디에서나 베짱이들이 많이 살았어.

사람들이 농약을 사용하고, 수많은 숲과 산이 파괴되면서 베짱이의 숫자가 많이 줄어서 그래.

혹시 수컷 베짱이도 암컷을 부를 때 노래를 부르나?

그럼! 암컷들이 수컷의 우렁찬 목소리를 좋아하지.

베짱이는 좋겠다. 먹고 싶을 때 사냥하고, 노래하고 싶을 때 노래 부르고….

그렇지 않아. 주위에 천적이 많아서 노래를 부르거나 식사를 하다가 허겁지겁 도망칠 때가 얼마나 많다구!

얘네는 주로 9~10월에 활동하는데, 귀뚜라미처럼 깜깜한 밤에 짝을 찾아다녀.

거미

새

사마귀

박쥐

박쥐, 사마귀, 거미, 새들이 밤이나 낮이나 베짱이를 먹잇감으로 노린다구.

베를 짜는 모습

참, 베짱이를 '배짱이'로 잘못 알기도 하는데, 수컷 베짱이의 노랫소리가 베를 짜는 소리와 비슷하다고 붙여진 이름이라 '베짱이'가 맞아. 베틀로 베를 짤 때, '쓰이익 쩍' 하는 소리가 나는데, 수컷 베짱이가 암컷을 부를 때 나는 소리가 이 소리와 아주 비슷하거든. 그래서 '베짱이'인 거야. 배짱이 두둑해서 '배짱이'가 아니라고.

그런데 나는 베짱이와 여치를 잘 구분하지 못하겠더라.

 둘 다 '메뚜기속 - 여치과' 곤충이라 비슷하게 생겼어. 나도 헷갈릴 때가 많아. 박사님이 좀더 가르쳐 주세요!

베짱이는 산란관(암컷)이 유난히 길고, 몸이 날렵하며 날개가 길어서 잘 날고, 여치는 베짱이보다 뚱뚱하고 날개가 짧아서 잘 못 날아. 베짱이는 머리 앞부분부터 등을 따라 적갈색의 무늬도 있지. 베짱이는 곤충을 잡아먹고 살지만, 여치는 잡식성이라 이것저것 잘 먹는단다.

베짱이

여치

메뚜기

얘들아, '개미와 베짱이'는 원래 우리나라에서 '개미와 여치'로 불렸대. 1960년대 초등학교 교과서에 '개미와 베짱이'로 나오면서부터 지금까지 그렇게 알려진 거래. 이솝 선생님이 그렇게 지은 게 아닌 거지.

 그동안 얘들을 게으르고 배짱이 두둑한 배짱이로 알았어. 베짱아, 미안!

따뜻한 마음 키우기

베짱이 문제 해결 도와 주기

1. 베짱이와 비슷한 경험이 있으면 얘기해 줍니다.
   - 비슷한 경험 :

2. 그때 나는 이렇게 했단다.
   - 그때의 해결 방법 :

3. 내가 너의 입장이라면 이렇게 하겠어.
   - 앞으로 나의 해결 방법 :

꼽등이

나는 꼽등이야. 몸이 굽어서 그렇게 이름이 붙여졌어. '실뱀'으로 불리는 연가시의 숙주로 알려져 어린이들이 무서워하는데, 그럴 일은 거의 없어. 죽은 곤충의 사체를 치우는 청소부로 기억해 주면 좋겠어.

연가시가 누군데?

영화에서 봤는데, 꼽등이가 옮긴 연가시가 사람의 뇌를 조종해서 물가로 끌고 간다며?

뭐? 꼽등이가 알면 땅을 치며 서운해하겠다.

연가시와 꼽등이는 친하기 어려운 사이라구. 사는 환경이 다른데 어떻게 연가시가 꼽등이 몸에 들어가겠어?

연가시 가느다란 철사 모양의 동물로, 몸길이는 10~90cm 정도이며, 황갈색, 암갈색, 백색 등 다양하다. 물속 곤충, 사마귀, 여치, 딱정벌레 등에 기생하여 살아간다.

연가시는 주로 물속 애벌레를 잡아먹는 곤충의 몸 안에 사는구나!

연가시는 곤충에 기생하다가 산란기가 되면 숙주 곤충의 뇌를 조종해 물속에 들어가게 하고, 자기는 몸 밖으로 빠져 나와. 연가시가 물속에 알을 낳으면 그 애벌레를 물속 벌레가 먹고, 이 벌레를 다른 곤충이 또 먹지. 그러고는 그 곤충(숙주)의 몸속에서 어른벌레가 된단다.

실처럼 생긴 연가시. '실뱀'으로 불린다.

꼽등이는 물을 좋아하지도 않는 데다 아주 작은 벌레나 죽은 곤충을 먹고 사는데, 연가시 애벌레를 먹을 일이 얼마나 있겠어?
그러니까 꼽등이 몸에서 연가시가 나올 일이 별로 없는 거지.

알아줘서 고마워!

긴 더듬이가 특징인 꼽등이

꼽등이가 좀 못생긴 데다 어둡고 칙칙한 곳에 사니까 더 오해하는 것 같아. 얘들은 귀와 날개가 없어서 듣지도 날지도 못하고 더듬이에 의지해서 살아가는 착한 곤충이야.

박사님! 얘 등이 굽어서 '곱등이' 또는 '꼽등이'라고 부르는 건가요?

그렇지. 미국에서는 얘 등이 낙타등과 비슷하다고 하여 '낙타 귀뚜라미(Camel cricket)'라고 부르지. 얘는 햇빛을 싫어해서 어두컴컴하고 습한 곳에서 살고, 주로 밤에 활동해. 꼽등이는 귀가 없어서 듣지 못하기 때문에 몸 길이보다 네 배 이상 긴 더듬이에 의지해서 움직인단다.

주로 밤에 활동하는 꼽등이

꼽등이는 못된 곤충(해충)이 아니라 착한 곤충(익충)이야. 지구의 영원한 청소부거든. 얘는 죽은 곤충을 치워 주는 청소부야. 만일 얘들이 없다면 세상은 온통 곤충 시체더미일 거라구.

헛, 끔찍하다!

꼽등이는 모기처럼 피를 빨지도 못하고, 사마귀처럼 깨물지도 못한다는 거 아니?

또 농작물은 건드리지도 않아. 그래서 꼽등이를 귀여워하는 사람들도 있어.

101

꼽등이는 돌아다니는 걸 싫어해서 주로 정해진 곳에서만 산다던데, 어떻게 그렇게 높이뛰기를 잘해요, 박사님?

꼽등이의 몸 길이는 더듬이를 빼면 약 2cm쯤 돼. 꼽등이는 주로 더듬이 감각에 의존해서 사는데, 더듬이에 자극이 오면 펄쩍 뛰어오르지.
뒷다리가 발달해서 높이뛰기를 아주 잘할 수 있어. 높이뛰기 올림픽에 나가면 금메달감이지.

나는 꼽등이 더듬이가 너무 길고, 펄쩍펄쩍 뛰어대서 정말 무서워.

죽은 모기를 먹는 꼽등이

하하하! 꼽등이는 네가 적인 줄 알고 그러는 거야. 꼽등이는 날 수가 없으니, 굵은 뒷다리 힘만 믿고 이리저리 펄쩍펄쩍 뛰어서 도망갈 수밖에 없는 거지.

 꼽등이는 1년 정도 살다가 겨울이 다가오면 알을 낳고 세상을 떠나. 연가시는 사마귀 같은 애들한테 주로 기생하는데, 잘못 알려져서 오해를 받는 거라고.

 알에서 갓 깨어난 새끼들은 얼마나 귀엽게 생겼는지 몰라.
꼽등이 새끼는 작기만 하지 어른벌레와 똑같이 생겼어. 번데기 과정이 없어서 그런 거란다.

꼽등이 새끼들

 꼽등이가 연가시를 퍼뜨리는 것도 아닌데, 영화 때문에 내가 괜히 무서워했구나!

따뜻한 마음 키우기

입장을 바꾸어 생각하기

1. 내가 꼽등이의 입장이 되어 억울함을 말해 봅시다.

2. 다른 곤충의 입장에서 꼽등이의 입장을 반박해 봅시다.

3. 꼽등이의 입장에서 가장 힘들었던 점은 무엇일까요?

4. 내가 꼽등이의 입장이 된다면 나는 억울한 것을 어떻게 해결할까요?

나가며

어때? 곤충들이 얼마나 억울했는지 이제 알겠지?

응, 아직 곤충이 징그럽긴 하지만, 많이 억울했을 거란 생각이 들었어.

원래 모르면 무섭고 징그럽게 느껴진단다. 하지만 알면 점점 친하게 느껴지기 마련이지.

네, 박사님 말이 맞는 것 같아요. 지혜와 박사님 덕분에 이제는 예전보다 곤충이 덜 무섭게 느껴져요.

소심아, 나는 이 책을 읽으면서 친구들을 생각해 봤어. 곤충처럼 오해를 받거나 억울한 일을 당한 아이들이 종종 있더라구. 앞으로는 그 친구들과 친해져야겠어.

그래, 그래! 친구들의 오해와 억울함을 푸는 것도 함께 고민해 보자구.

이제 곤충 관찰하러 공원에 나가 볼까?

응, 좋아. 하지만 너무 무서운 곤충이 나타나지는 않았으면 좋겠다.

따뜻한 마음 키우기 | 지도 Tip

- 어린이가 이 책을 읽을 때는 곤충에 대해 그동안 가졌던 선입견을 내려놓고, 디즈니 애니메이션에 나오는 의인화된 동물을 친구처럼 대하듯이, 이 책의 모든 곤충에게도 그와 같은 태도를 갖는 것이 중요합니다.

- 이 책의 1차적인 목표는 잘못 알거나, 오해하기 쉬운 곤충에 대해 어린들에게 올바른 지식을 전달함으로써 생명과 자연을 아끼는 마음을 갖게 하는 것입니다.

- 나아가 그 마음을 어린이 자신과 또래 집단, 사회에 확대 적용해 봄으로써 따뜻하고 반듯한 인성, 공감 능력, 바람직한 사회성을 갖게 하는 게 궁극적인 목표입니다.

- [따뜻한 마음 키우기]는 정해진 답이나 유도하는 방향이 없는 활동입니다. 어린이들이 다양하고 진정성 있게 생각하고, 잘 정리해서 표현하는 것이 중요합니다.

- 따라서 어린이들이 편안하게 자기 의견을 이야기하고, 다른 사람의 의견을 듣는 과정에서 생각의 다름을 알거나 공감할 수 있도록 지도해야 합니다.

- 이 과정을 통해 어린이는 토의·토론 능력이 향상되고, 사고력도 길러집니다.

- 〈지도 Tip〉은 이러한 과정들이 원활하고 자연스럽게 진행되도록 돕는 역할을 합니다.

[잠자리] 잠자리에게 나의 마음 전하기 ☞ **13쪽**

잠자리는 집 주변에서 흔히 볼 수 있으며, 사람에게 해를 입히지 않아 매미와 함께 채집 숙제 1위의 곤충입니다. 그러다 보니 잠자리가 모기와 파리 등 해로운 곤충을 하루에 수백 마리나 잡아먹는 착한 곤충이어도 고마운 마음이 들기보다는 그저 흔한 곤충으로만 알기 쉽습니다. 그래서 '서운한 마음을 가질 수도 있겠다'고 생각해 보았습니다.

〈따뜻한 마음 키우기〉는 몹시 서운해하는 잠자리를 친구처럼 대하며 칭찬과 조언을 하고, 용기를 갖게 하는 활동입니다. 동화에는 위로, 회복, 치유, 용기, 지혜를 주는 이야기가 많습니다. 어린이가 스스로 동화를 선택하게 하고, 선택한 이유를 설명할 수 있도록 지도합니다.

다음의 동시는 교과서에 실렸던 '잠자리'라는 작품입니다. 어린이에게 들려주고, 어린이가 노래를 지어 불러 보게 하면 내용 이해와 감상에 큰 도움이 됩니다.

짱아짱아 고추짱아 / 괴밥 주께 일오너라 / 하늘높이 나르다가 / 재비에게 채이로다 / 또로신 또로신 또로신
짱아짱아 고추짱아 / 내동생이 기다린다 / 숲사이로 / 날러가다 / 거미줄에 걸리리다 / 또로신 또로신 또로신

어휘 풀이 짱아 : '잠자리'를 이르는 어린이말. / 고추짱아 : '고추잠자리'를 이르는 어린이 말. / 괴밥 : 뽕나무 열매인 '오디'의 전라북도 사투리. / 재비 : 제비 / 채이로다 : 낚아채이겠다. / 또로신 : 제비에게 잡히거나 거미줄에 걸린 모습의 은유적 표현

동시 풀이 잠자리야, 고추잠자리야 / 오디 줄게 이리 와라 / 하늘 높이 날아가다 / 제비에게 낚이겠어 / 또로신 또로신 또로신 // 잠자리야, 고추잠자리야 / 내 동생이 기다린다 / 숲 사이로 날아가다 / 거미줄에 걸리겠어 / 또로신 또로신 또로신

위 동시 '잠자리'는 김완동(1903-1965) 님이 일제강점기에 창작한 작품입니다. 어린이들이 사용하는 언어를 4·4조 운율의 리듬에 담아 반복적으로 노래하여 경쾌함을 주고 있습니다.

[무당벌레] 무당벌레와 공감하기 ☞ **19쪽**

어린이들은 어려서 귀엽고 생각이 순수합니다. 무당벌레도 그렇습니다. 하지만 무당벌레는 사람들에게 어린이들처럼 칭찬을 받지 못합니다. 무당벌레의 삶과 이름을 곤충의 입장에서 생각해 보면 어떨까요?

1번 Tip 무당벌레가 억울해 할 것이 무엇인지 본문 내용에서 찾아 써 보게 합니다. 한 가지만 썼을 경우 그 밖에 어떤 것이 있을지 더 생각하게 합니다. (예) ① 해충인 진딧물을 잡아먹고 사는데, 사람들이 착한 곤충으로 알아주지 않는다. ② 귀엽고 예쁘게 생긴 곤충인데 알맞은 이름을 갖지 못했다.

2번_Tip 무당벌레에게 알맞은 이름을 2~3개 생각하여 쓰게 하고, 그 이유도 써 보게 합니다.

[반딧불이] 반딧불이와 이야기 나누기 ☞ **25쪽**

동·식물 중에는 이름 앞에 '보잘것없거나' '쓸 데 없다'는 뜻으로 '개'를 붙이는 경우가 많이 있습니다. 반딧불이에게도 '개똥벌레'라는 이름이 있습니다.

이름만 보아도 옛날에 반딧불이가 얼마나 흔한 곤충이었는지 짐작할 수 있습니다. 그런데 지금은 그 멋진 곤충이 거의 사라져 찾아보기 어렵습니다. 여기에서는 반딧불이를 상상하면서 왜 천연기념물이 되었는지, 빛을 내는 원리가 무엇인지 등을 알아봅니다.

1번 Tip 반딧불이는 천연기념물 제322호입니다. 농약 등으로 인한 토양 오염과 서식지 파괴가 멸종의 가장 큰 원인이라고 할 수 있겠지요.

2번 Tip 어린이가 이 장을 읽고, 반딧불이에 대해 느낀 점을 반딧불이에게 친구처럼 말하도록 하는 게 중요합니다.

3번 Tip 어린이의 이름에 담긴 뜻이나 작명 취지 등을 알려 주세요.

4번 Tip 어린이가 편안하게 답할 수 있도록 유도합니다. '닮은 점이 없다'고 말할 수도 있습니다. 그럴 때, 반딧불이가 '어둠 속에서 빛을 내는 곤충'임을 얘기해 주고, 아이에게 잠재된 따뜻한 인성을 아이의 경험 속에서 끄집어내어 써 보게 하는 것도 좋습니다.

[배추흰나비] 배추흰나비에 대해 토론해 보기 ☞ **31쪽**

토론은 어떤 주제에 대해 찬성하는 쪽과 반대하는 쪽으로 나뉘어 누가 옳고 그른지 서로 주장하는 것입니다. 토론을 할 때는 그 이유와 근거를 들어 자신의 관점을 제시한 다음 상대편의 주장과 논거를 반박합니다.

이 과정에서 상대편의 견해를 잘 듣는 태도가 아주 중요합니다. 또한 자기의 의견을 말할 때도 자기가 왜 그렇게 주장하는지를 이유와 근거를 들어 차분하게 말하는 것도 아주 중요합니다. 토론은 쉽지 않은 의사소통 과정입니다. TV 토론 프로그램을 보면 가끔 흥분하여 논리 없이 목소리를 높이는 경우를 볼 수 있는데, 이는 어릴 때부터 훈련이 안 되어 있거나 감정에 치우치기 때문입니다.

이 장에서는 어린이가 상대방의 의견을 잘 듣고, 차분하고 냉철하게 자기의 의견을 제시하는 토론 과정을 배우고, 따뜻한 마음도 키워 보는 것이 취지입니다.

토론 방법 먼저 토론 참여자가 토론 방법을 잘 인지하게 합니다. 토론 상대가 마땅히 없을 때에는 가족이 함께 하거나, 어린이 혼자 찬성·반대의 양쪽 입장이 되어 토론을 진행해도 좋습니다.

토론 전 토론 전에 찬성과 반대의 입장에서 근거와 이유를 정리해 보도록 합니다.

토론 후 자신이나 상대편이 주장한 의견이나 태도에 어떤 문제점이 있었는지, 좋은 점은 무엇이었는지 이야기하거나 글로 정리해 보도록 합니다.

[소똥구리] 소똥구리에게 줄 상장 만들기 ☞ **37쪽**

'칭찬은 고래도 춤추게 한다'고 하지요. 칭찬은 받는 사람을 긍정적으로 변화시키고, 자신의 일을 더욱 열심히 하게 하는 힘이 됩니다. 그러나 받는 것만큼 중요한 게 칭찬을 하는 것입니다. 칭찬을 하는 대상에게 아끼고 신뢰하며 긍정하는 마음을 갖게 하기 때문입니다. 그리고 바람직한 사회성도 기르게 됩니다.

어린이가 본문을 읽고 소똥구리에 대해 잘 이해했다면 소똥구리를 칭찬하거나 위로하는 과정을 가져보는 게 중요합니다. 어린이의 마음을 상장에 담아 표현하게 합니다. 이 과정에서 소똥구리에게 상을 주는 이유를 명확히 정리하게 함으로써 논리적 사고력도 기르게 됩니다.

- **Tip 1** 먼저 소똥구리가 상을 받을 만한 이유를 찾아 정리하게 합니다.
- **Tip 2** 어린이가 상장 양식을 직접 그리고, 내용도 써 보게 합니다.
- **Tip 3** 표창장을 줄 방법은 어린이 스스로 생각해 보게 합니다.

[꽃등에] 꽃등에에게 편지 쓰기 ☞ **43쪽**

꽃등에는 파리과의 곤충이기는 하지만, 벌과 비슷하게 생긴데다가 벌이나 나비가 활동하는 환경에서 주로 살기 때문에 파리처럼 더럽다는 느낌을 주지 않습니다. 오히려 벌처럼 독침이 있는 것으로 오해를 받습니다.

- **Tip 1** 어린이가 쓴 편지를 읽은 다음에는 왜 그렇게 썼는지 이유를 질문하거나, 좀 더 깊이 들어가서 '친구 중에 꽃등에처럼 오해를 받고 있거나, 자기 보호를 위해 태권도 같은 운동을 하는 친구가 있니?' 하는 등의 질문을 하여 사고를 넓히는 것도 좋은 방법입니다.
- **Tip 2** 어린이의 답변에 대해 칭찬도 해 주고, 예를 들어 '죽일 거야!'와 같은 과격한 답변을 하더라도 '꽃등에도 생명인데 함부로 죽여서야 되겠니? 더욱이 자기 갈 길을 간 것뿐인데.' 하는 등의 교훈적·비판적 태도를 명확히 하는 것이 중요합니다.

[땅강아지] 땅강아지에게 엽서 보내기 ☞ **49쪽**

어린이가 이 장을 읽고 땅강아지에 대해 갖게 된 마음을 편지 형식으로 자유롭게 써 보면서 생각과 태도를 정리하게 하는 데 취지가 있습니다.

엽서 쓰기를 지도할 때는 지면 크기 때문에 우선 간결하게 쓰게 해야 하고, ① 엽서 쓰는 목적을 명확히 하기, ② 마주앉아 이야기하듯이 구어체로 생동감 있게 쓰기, ③ 예의를 갖추어 친절하게 쓰기, ④ 상대(땅강아지)의 감정을 상하지 않게 하기, ⑤ 가급적 상대의 마음을 움직이도록 써야 한다는 점을 강조합니다.

어린이가 어떤 내용으로 쓰든지 긍정적으로 봐 주고, 그릇된 태도나 표현·표기의 오류에 대해서도 명확히 짚어 줍니다. 또한 앞에서도 언급한 것처럼 사고력을 기를 수 있도록 지도하시는 분이 이 장에서 느긴 점을 질문해 보는 것도 바람직합니다.

[매미] 매미 노래 만들기 ☞ 55쪽

노랫말을 만들 때는 먼저 매미 이야기에서 인상적이거나 매미에게 해 주고 싶은 이야기가 무엇인지를 글로 정리한 다음, 부르기 좋도록 3~4어절의 운문 형태로 바꾸거나, 산문 형태로 다듬어서 가사화하면 됩니다(글로 써 보는 과정을 생략하고 곧바로 노래해도 좋습니다). 그런 다음 마음이 가는 대로 흥얼거리듯 노래를 불러도 되고, 랩을 하듯이 노래해도 됩니다. 노래는 길지 않고, 리듬이나 멜로디를 반복하는 것이 기억하는 데 유리합니다.

어린이가 만든 노래를 가족이나 친구들이 함께 부른다면, 어린이에게 자긍심이 생겨 엄청 기뻐할 것입니다. 그런 만큼 매미에 대한 기억도 오랫동안 지속될 것입니다.

[방아벌레] 방아벌레와 인터뷰하기 ☞ 61쪽

인터뷰란 특정한 목적을 가지고 개인이나 집단을 만나 이야기하며 정보를 수집하는 것을 말합니다. 다음은 인터뷰를 하는 일반적인 방법입니다.

인터뷰 전 ① 먼저 인터뷰의 목적과 대상을 명확히 하기, ② 인터뷰 대상자에 대해 조사하기, ③ 대상자에게 사전에 연락하여 날짜와 장소를 약속하기, ④ 질문지 작성하기. 질문지는 주된(기둥) 질문 사항과 파생(가지) 질문 사항을 간략히 작성합니다.

인터뷰 중 ① 먼저 주제와 관련 없는 일상적 이야기로 부드러운 분위기를 조성하여 마음을 열게 합니다. ② 대상자가 주제에 대해 가지고 있는 경험과 지식을 배운다는 자세를 갖습니다. ③ 말투는 공손하게 하고, 질문 내용을 명확히 전달해야 합니다. 이때 대상자를 아이 대하듯 하거나, 아는 체를 하거나 가르치려는 태도를 취해서는 안 됩니다. ④ 대상자의 답변을 녹음하거나 기록합니다.

인터뷰 후 녹음(녹화) 또는 기록한 내용을 잘 정리합니다.

이 장에서는 독자 어린이가 기자가 되어 가상의 인터뷰 활동을 하면서 방아벌레에 대해 궁금한 것을 해소해 보도록 합니다. 여기에서 중요한 것은 어린이가 진지하게 활동하는 것입니다. 방아벌레와 마주앉아 인터뷰하는 것을 상상하고 진행합니다. 궁금한 것에 대한 질문과 답이 책 안에 있으면 찾아서 정리해 두고, 이야기에서 언급되지 않은 사항은 인터넷 등에서 찾아 해결하도록 합니다. 책에서는 질문 사항이 두 개밖에 안 되고 공간도 작으므로, 별도의 질문지를 준비하여 답변 사항을 충분히 정리해 본다면 더욱 좋겠습니다.

[누에나방] 누에나방의 마음 대변하기   ☞ **67쪽**

누에는 수천 년 전부터 이 땅에서 길러지면서 사람들을 위해 아주 많은 일들을 해 왔습니다. 옷감의 원료, 건강식, 한약재 등. 그래서 예로부터 누에를 아주 귀한 곤충으로 여겨 민간에서 누에치기를 널리 행하였고, 왕실에서는 풍년을 기원하는 제사(서울 성북구의 선잠단지)를 지냈으며, 왕과 왕비가 직접 누에를 치는 잠실(창덕궁 서향각의 어친잠실)도 설치하였습니다.

하지만 누에나방을 의인화하여 생각해 보면 그들의 삶이 얼마나 답답하고 억울할까요? 따라서 어린이가 이 장을 읽으며 누에나방에 대해 지식을 쌓는 것은 물론, 이들과 정서적 눈높이를 맞추어 느끼고 생각한 것을 표현해 보는 데 취지가 있습니다.

〈따뜻한 마음 키우기〉에서 소심군은 하늘을 훨훨 날고 싶어하는 누에나방에게 현실적이고도 부정적인 태도를 취합니다. 이에 대해 독자 어린이가 소심군의 의견에 동의하기보다는 하늘을 날고 싶어 하는 누에나방의 입장을 긍정하고, 느끼거나 생각한 점을 말하도록 지도하는 것이 좋습니다. 대화를 완성한 다음, 그 내용으로 동시를 지어 보도록 하면 더 오래 기억되고 창의성을 기르는 데도 큰 도움이 될 것입니다.

[하루살이] 하루살이와 상담하기   ☞ **73쪽**

여기에서의 상담은 '심리 상담'을 의미합니다. 관계의 문제점, 성격, 적성, 지능, 진로 및 신체적·정서적 증상 등으로 인해 일상생활에서 어려움이나 갈등에 놓인 대상자와의 상담을 통해 문제를 해결하는 과정을 말합니다. 보통 상담을 하는 사람을 상담자, 상담을 받는 사람은 내담자라고 합니다. 심리 상담은 전문적인 영역이기 때문에 이 장에서는 어린이의 수준에서 접근하도록 합니다.

이 장은 독자 어린이가 상담 소장이 되어 내담자인 하루살이의 입장을 듣고(진단) 해결 방법을 권장(처방)하는 1인 2역의 활동입니다. 이 활동 경험은 어린이가 본인의 문제 해결 능력을 기르고, 주변에서 여러 가지 문제로 고민하는 가족, 친구나 이웃을 만나게 되었을 때 그에 공감하고 함께 고민하며 방법을 찾아볼 뿐만 아니라, 나아가 상황을 바람직하게 변화시키거나 관계를 회복케 하는 데 큰 도움이 될 것입니다.

Tip 1 활동을 할 때는 내용을 충분히 읽고, 의인화된 하루살이의 입장이 되어 무엇이 억울할지를 또박또박 정리하는 것이 중요합니다.

Tip 2 미리 생각하여 정리된 해결 방법을 제시할 때는 이유(또는 근거)를 들어 명확하게 말하되 긍정적인 태도를 취하는 것이 중요합니다.

[개미귀신] 개미귀신에게 공감 쪽지 쓰기   ☞ **79쪽**

쪽지는 작은 종이에 글을 적어 다른 사람과 소통하는 수단입니다. 오래 전부터 주로 종이를 많이 사용해 왔지만, 요즈음에는 네이버(Naver)와 다음(Daum) 같은 대형 포털 사이트를 비롯하여 쪽지 기능을 하는 다양한 커뮤니케이션 웹사이트가 많이 있습니다. 그럼에도 붙임쪽지는 남녀노소를 불문하고 널리 사용하는 의사소통 수단입니다. 쪽지는 지면이 작아 많은 메시지를 넣을 수 없어 전하고자 하는 메시지의 핵심을 간략하게 압축해서 표현하는 것이 중요합니다.

이 장은 어린이가 개미귀신 이야기를 읽고 느낀 마음과 생각을 의인화된 개미귀신에게 쪽지 형태로 표현하는 활동입니다. 이러한 공감 활동을 통해 어린이는 다른 사람의 입장을 이해하고, 그에 대한 자신의 입장을 정리, 표현함으로써 공감 능력과 사회성을 기를 수 있습니다. 쪽지는 책에 써 넣어도 되고, 붙임쪽지에 써서 책에 붙여도 됩니다.

위로의 쪽지 Tip 개미귀신의 생태를 의인화하여 보면 안타까운 것들이 참 많습니다. 예를 들어 어린이가 쪽지를 쓸 때에는 먼저 책에 제시되어 있는 여러 가지 생태적 특성을 간략히 정리한 다음, 개미귀신을 마주하고 말하듯이 쓰게 합니다.

응원의 쪽지 Tip 개미귀신이 용기를 갖게 하려면 뭐라고 말해야 좋을지 충분히 생각하게 한 다음 잘 정리하여 쓰게 합니다.

[사마귀] 입장 바꿔 생각하기 ☞ 85쪽

역지사지(易地思之)는 서로의 입장과 처지를 바꾸어서 생각하는 것을 말합니다. 미국의 심리학자 셀먼(Robert L. Selman)은 타인과 사회를 이해하는 공감 능력 향상을 위해 역지사지의 역할 수행을 강조하였습니다.

어린이는 자기중심적 사고 단계에서 여러 발달 단계를 거치면서 성장합니다. 어린이 시절에 수행하는 역지사지의 역할 수행 활동은 어린이에게 평소 자신의 언행이 타인에게 어떤 영향을 미치는지를 알게 하고, 긍정적인 마음, 소통 능력·신뢰감·이해심·배려심, 절충과 타협의 마음을 갖게 하는 등 사회성을 발달시키는 데 아주 효과적입니다.

〈따뜻한 마음 키우기〉 활동은 ① 본문에 대한 정독을 전제로 합니다. 그리고 ② 즉답을 하기보다는 곰곰이 생각하는 과정을 거치게 합니다. 어린이가 생각할 때에는 과제에 집중하고 생각하는 데 도움이 되도록 가벼운 유도성 질문을 해도 좋습니다. ③ 어린이가 생각을 표현할 때는 이야기하듯 하거나, 정리한 생각을 기록한 다음에 말해도 됩니다.

[각다귀] 억울한 일 기억하기 ☞ 91쪽

예로부터 우리나라의 대표적인 정서 중의 하나로 '한(恨)'을 꼽습니다. '한'은 '몹시 억울하고 원통한 일을 당하여 응어리진 마음'이지요. 억울함은 강한 스트레스를 유발하고, 스트레스는 몸과 마음의 건강을 해치며, 나아가 사회 문제를 야기하기도 합니다. 그래서 전문가를 통해 심리 치료를 받거나 음악, 독서, 여행 등이나 종교를 통해 치유하려는 노력을 기울입니다. 일반적으로 사람들과의 대화를 통해 치유되는 경우가 많습니다.

나 때문에 억울한 사람이 있다면 어떻게 해야 할까요? 먼저 사과하고, 억울함을 풀도록 애씁니다. 그리고는 타인이 억울해 할 만한 말이나 행동을 또다시 하지 않으려고 애씁니다. 그럼으로써 건강한 관계가 유지되고, 자신도 마음의 안정을 찾습니다.

우리가 주변에서 흔히 볼 수 있는 각다귀는 해충이라는 오해를 받아 두려움의 대상이 되고 죽임을 당하는 억울한 곤충입니다. 어떻게 해야 할까요?

〈따뜻한 마음 키우기〉는 독자 어린이가 각다귀의 억울함을 이해한 후, 이 상황을 자신과 친구에게 확대 적용해 보는 활동입니다. 이 활동을 통해 어린이는 이해심, 배려심, 나아가 사회성을 기를 수 있습니다. 어린이가 활동을 할 때는 충분히 생각할 시간을 주어 답지를 쓰도록 지도합니다. 칸이 좁으므로 별도의 용지를 준비하여 쓰게 하면 더욱 좋습니다.

[베짱이] 베짱이 문제 해결 도와주기 ☞ 97쪽

베짱이는 오랜 세월 사람 근처에서 함께 살아온 친숙한 곤충입니다. 본문에서 베짱이는 사람들이 게으름뱅이로 알고 있는 데 대해 몹시 억울해 합니다.

〈따뜻한 마음 키우기〉는 독자 어린이가 베짱이의 억울함을 이해한 후, 베짱이의 억울함을 자신의 경험을 토대로 적극적으로 해결하는 대화 형식의 활동입니다. 공감을 넘어 해결을 모색하는 이러한 활동은 향후 자신이나 타인이 억울함을 느꼈을 때 해결 방법을 찾는 데 귀한 경험이 될 것입니다.

앞장의 활동과 마찬가지로 충분히 생각할 시간을 주어 답지를 쓰도록 지도합니다. 작성한 활동지를 검토한 후에는 억울했던 일을 공감해 주고, 제시한 해결 방법과 표현한 것을 칭찬하고 또 다른 방법을 함께 모색해 봅니다.

[꼽등이] 입장을 바꾸어 생각하기 ☞ 103쪽

역지사지(易地思之) 활동 경험은 자신의 언행이 타인에게 어떤 영향을 미치는지를 알게 하고, 긍정적인 마음, 소통 능력·신뢰감·이해심·배려심, 절충과 타협의 마음을 갖게 하는 등 사회성을 발달시키는 데 아주 효과적이라고 앞에서 강조한 바 있습니다. 본문의 〈따뜻한 마음 키우기〉는 이러한 효과 외에도 비판적 사고력을 기를 수 있는 활동입니다.

꼽등이는 앞의 어떤 곤충보다도 어린이가 그릇된 소문이나 정보 때문에 혐오의 대상일 수 있지만, 이 책을 통해 선입견을 해소할 수 있습니다. 〈따뜻한 마음 키우기〉 활동은 앞의 〈사마귀〉 장과 같은 방법으로 지도하면 됩니다.

인성·토론 카드 놀이

놀이 방법

<둘 이상 여럿이 하는 게임>
각자 부록의 카드를 떼어냅니다. → 순서를 정합니다.

게임 1 | 억울한 곤충 이야기
1. 각자 가장 억울하다고 생각하는 곤충을 고릅니다.
2. 왜 그 카드를 골랐는지 이유를 말합니다.
3. 친구의 얘기를 듣고 자신의 생각을 말합니다.

게임 2 | 싫어하는 곤충 이야기
1. 각자 가장 싫다고 생각하는 곤충을 고릅니다.
2. 왜 그 카드를 골랐는지 이유를 말합니다.
3. 친구의 얘기를 듣고 자신의 생각을 말합니다.

게임 3 | 좋아하는 곤충 이야기
1. 각자 가장 좋다고 생각하는 곤충을 고릅니다.
2. 왜 그 카드를 골랐는지 이유를 말합니다.
3. 친구의 얘기를 듣고 자신의 생각을 말합니다.

나 또는 친구의 생각을 정리해 봅시다

✏️ **친구 생각의 좋은 점**

_____

_____

✏️ **친구 생각의 좋지 않은 점**

_____

_____

✏️ **내 생각의 좋지 않은 점**

_____

_____

✏️ **지금까지 곤충에 대한 내 생각의 좋지 않은 점**

_____

_____

_____

✏️ **앞으로의 다짐**

_____

_____

_____

_____

_____

_____

_____

반딧불이

- **몸 길이** : 4~20㎜.
- **특징** : 암컷, 수컷 모두 배마디에서 빛을 냄.
- **주요 먹이** : 다슬기, 달팽이 등.
- **알 낳는 곳** : 풀 밑, 이끼, 습한 흙.
- **생활** : 낮에는 습한 곳에서 지내고, 밤에는 빛을 내어 짝을 찾음.
- **천연기념물** : 환경오염으로 개체수가 적어져 천연기념물(제322호)로 지정하여 보호함.

무당벌레

- **몸 길이** : 3.7~4.0㎜.
- **주요 먹이** : 진딧물.
- **몸 색깔** : 주로 주황색 또는 주홍색. 검은색을 띤 개체도 있음.
- **알 낳는 곳** : 진딧물 주변.
- **자기 보호** : 천적에게 냄새나는 노란색 물질을 뿜어 쫓아냄.
- **겨울나기** : 어른벌레들이 모여 주로 나무껍질 속에서 겨울잠을 잠.
- **사는 기간** : 수개월~1년 여.

잠자리

- **몸 길이** : 20~150㎜.
- **눈** : 머리에 2개의 큰 겹눈이 있어서 사방을 두루 볼 수 있음.
- **입(턱)** : 날카로운 큰 턱에 이빨 모양의 돌기가 있어 먹이를 잘 묾.
- **먹이** : 작은 곤충과 그 허물, 알.
- **화석** : 쥐라기 시대(1억 4천만 년~2억 년 전)의 잠자리 화석 발견.
- **오해** : 사람에게 해로운 벌레를 많이 잡아먹어도 알아주지 않음.

소똥구리

- **몸 길이** : 7~16㎜.
- **먹이** : 소, 말, 양 등 대형 초식동물의 똥.
- **알 낳는 곳** : 땅속의 굴.
- **착한 일** : 땅을 기름지게 함.
- **멸종 위기** : 1970년대부터 농약 사용과 환경오염, 방목 소의 감소로 거의 멸종됨.
- **복원** : 정부·지자체에서 복원 사업을 진행하고 있음.

배추흰나비

- **앞날개 길이** : 19~27㎜.
- **특징** : 애벌레가 배추·무·양배추 등의 겨자과 작물에 피해를 끼침.
- **좋아하는 꽃과 먹이** : 무, 엉겅퀴, 개망초, 고들빼기, 멍석딸기, 아욱 등에 있는 꿀.
- **알 낳는 곳** : 배추, 무, 케일, 양배추 등 식물의 잎.
- **애벌레** : 녹색이고 잔털이 빽빽하게 나 있음.

매미

- **몸 길이** : 15~80㎜.
- **먹이** : 식물의 즙액을 빨아먹어 식물에 피해를 주기도 함.
- **종류** : 우리나라에 참매미, 말매미, 쓰름매미 등 15종이 서식함.
- **알 낳는 곳** : 나무 틈 속, 나뭇가지.
- **사는 기간** : 애벌레로 땅속에서 7~15년, 어른벌레로 약 1개월.
- **소리 내기** : 수컷은 배에 있는 진동막을 진동시켜 큰 소리를 냄.

땅강아지

- **몸 길이** : 30㎜ 내외.
- **특징** : 앞다리는 두더지처럼 땅 파기에 알맞도록 강하고 넓적함.
- **착한 일, 나쁜 일** : 땅을 헤집고 다녀서 기름지게 하지만, 감자·당근·양파 등의 농작물에 해를 끼침.
- **겨울나기** : 어른벌레는 깊은 땅속에서 겨울을 보냄.
- **날기** : 몸집에 비해 날개가 작지만, 하늘을 날 수 있음.

꽃등에

- **몸 길이** : 14㎜ 내외.
- **생김새** : 벌과 비슷하게 생겼지만 독침은 없음.
- **착한 일** : 꿀을 먹고 꽃가루를 옮겨 농업에 이로움. 애벌레는 진딧물을 잡아먹음.
- **벌을 닮은 이유** : 새 등의 천적으로부터 자기를 보호하기 위해.
- **사는 곳** : 산, 들판, 밭 등 꽃이 많이 피는 곳.

하루살이

- **몸 길이** : 13~17㎜.
- **애벌레가 사는 곳** : 산소가 많고 흐름이 비교적 빠른 시냇물.
- **사는 기간** : 애벌레는 1~2년 정도. 어른벌레는 몇 시간~ 며칠.
- **좋은 일** : 애벌레, 어른벌레 모두 다른 생물의 먹이 역할. 사람에게는 낚시 미끼로 쓰임.
- **특징** : 어른벌레는 입이 없어 먹지 못하고, 소화기관도 없다.

누에나방

- **몸 길이** : 45~50㎜.
- **특징** : 누에나방은 2~3일밖에 못 살고, 입이 퇴화되어 먹이를 먹을 수 없으며, 나는 힘을 잃어버림.
- **좋은 일** : 누에고치와 번데기는 명주실, 음식 등 많은 것을 선사함.
- **사육** : 수천 년 전부터 나라에서 누에 기르기를 장려함.
- **고치 1개의 명주실 길이** : 평균 900m 가 넘음.

방아벌레

- **몸 길이** : 10~30㎜.
- **먹이** : 식물의 잎과 달콤한 액체를 주로 먹음. 특히, 감자를 좋아함.
- **종류** : 우리나라에 빗살방아벌레 등 100종이 넘게 서식함.
- **나쁜 일** : 흙속에 사는 애벌레가 식물 뿌리를 갉아먹어 해를 끼침.
- **특징** : 포식자에게 잡혔을 때, 목 부위를 구부려 '톡' 소리를 냄.
- **특기** : 누워서 높이 뛰기.

사마귀

- **몸 길이** : 70~85㎜.
- **사는 곳** : 논·밭을 비롯한 들판, 산자락의 풀숲. 먹이가 있는 곳.
- **특징** : 짝짓기를 한 후 암컷이 수컷을 잡아먹기도 함.
- **사냥 솜씨** : 앞다리는 길고 낫처럼 접히고 톱날 같은 가시가 나 있으며, 턱이 날카로워 사냥을 잘함.
- **먹이** : 주로 작은 곤충을 잡아먹음. 때로 개구리나 도마뱀도 사냥.

개미귀신

- **몸 길이** : 약 10㎜.
- **어른벌레** : 명주잠자리.
- **집** : 물가 모래나 큰 돌 사이에 깔때기 모양(깊이 25~50㎜, 폭 25~75㎜)의 집 지음.
- **사냥** : 굴속에 몸을 숨기고 턱만 내밀고 있다가 작은 곤충이 굴로 미끄러져 들어오면 잡음.
- **특징** : 생김새는 흉측하지만, 말랑말랑하고 깨물지 않음.

꼽등이

- **몸 길이** : 15~25㎜.
- **특징** : 날개가 없고 더듬이는 아주 가늘고 몸길이의 몇 배임.
- **이름** : 몸의 등 부분이 굽어 있어 꼽등이라는 이름이 붙음.
- **사는 곳** : 산림의 낙엽이나 돌 밑, 동굴이나 하수구, 창고와 같은 습기가 많은 곳.
- **먹이** : 잡식성이며, 주로 죽은 곤충의 사체를 먹음.

베짱이

- **몸 길이** : 30~40㎜.
- **생김새** : 여치보다 작고 날쌘하며 날개가 길어 잘 날아다님.
- **이름** : 노랫소리가 '스익-쩍' 하는 베틀 소리와 비슷해서 붙여짐.
- **이솝 우화** : 원래의 제목은 '개미와 베짱이'가 아니라 '개미와 매미'라고 함.
- **개체 수 감소** : 흔한 곤충이었으나 농약 살포 및 서식지 파괴 등으로 개체수가 많이 줄어듦.

각다귀

- **몸 길이** : 15~40㎜.
- **특징** : 파리에 가까운 곤충(파리목)
- **생김새** : 몸에 비해 다리가 아주 길고, 모기와 비슷하게 생김.
- **각다귀 사는 곳** : 산, 평지, 집 근처 등 다양한 곳.
- **애벌레 사는 곳과 먹이** : 애벌레 이름은 '머루'. 주로 낙엽이 많이 쌓인 흐름 느린 시냇물 또는 그 주변에 살며 썩은 낙엽, 식물을 먹음.